Vagabondages

Une Chronique Familiale

by

Claude R. Cahen

authorHOUSE™

1663 LIBERTY DRIVE, SUITE 200
BLOOMINGTON, INDIANA 47403
(800) 839-8640
WWW.AUTHORHOUSE.COM

First published by AuthorHouse 03/01/05

ISBN: 1-4208-2070-2 (sc)

Printed in the United States of America
Bloomington, Indiana

This book is printed on acid-free paper.

À Yumiko,
À Jérémie, Nathalie, Jacqueline,
À ceux que j'aime,
À celles que j'ai aimées,
À celles que j'ai loupées,

Tant pis pour les autres…

La famille brésilienne (le côté du père)

Mon arrière grand-père, Léon Simon, épouse Sophie Konrad.
Émigrés au Brésil, ils auront quatre enfants :
Émile, Bertha, Seureth et Élisa.

Émile et Élisa partent vers l'Angleterre.
Seureth épouse Henri Neu, dont elle aura trois enfants :
Charles, Georges et Juliette.

Bertha fait un mariage de convention avec Robert Cahen, mon grand-père. Ils ont cinq enfants :
Denise, Miguel, Roland (mon père), Régine et Gisèle.

Denise épousera Stéphane Salabelle. Ils divorceront peu après.

Roland épousera Jacqueline Salabelle, ils auront trois enfants :
Jean-Pierre, Françoise et Claude, votre serviteur.

La famille indochinoise (le côté de ma mere)

En Ariège habitent trois sœurs : Jeanne, Paule et Léonie Adrienne Cabanes-Dupac.

Léonie Adrienne épouse Joseph-Auguste Salabelle, mon autre grand-père, qui est alors inspecteur général des bâtiments de l'Indochine française. Ils s'installent à Hanoi. Trois enfants naissent de leur union :
Paule, Jacqueline (ma mère) et Stéphane.

Jacqueline épousera Roland Cahen au moment où Stéphane et Denise divorcent.

Première partie

CONNEXIONS

En 1876, Henry Wickham, un agent britannique du département de l'agriculture, arriva à sortir clandestinement du Brésil quelques pousses d'*Hevea Brasiliensis* et déroba ainsi au Brésil son monopole de la culture de l'arbre à caoutchouc. C'est ainsi qu'il sera responsable de la ruine partielle de l'économie brésilienne. En même temps qu'il allait créer une abondante richesse en Asie du sud-est, il ruinait les planteurs et cultivateurs de latex du bassin de l'Amazone... Un effet démesuré pour un geste apparemment anodin !

C'est ainsi qu'à travers cette action de l'impérialisme britannique, le Brésil et l'Indochine française se retrouvèrent connectés, probablement pour la première fois.

La seconde fois, c'est maintenant, puisque je vais raconter une histoire qui se passe en partie au Brésil et en Indochine française... Bien avant, pendant et après la Seconde Guerre mondiale.

*
* *

Après une longue errance, j'habite aux États-Unis où j'ai réussi à me faire une petite place au soleil. J'ai pris le temps de récupérer, de réfléchir à mon passé, et surtout à celui de ma famille... J'ai soixante-deux ans. Au mieux, les trois-quarts de ma vie sont déjà derrière moi ; au pire, les neuf dixièmes.

Les dés étaient pipés dès le départ. Élevé dans d'autres circonstances, j'aurais été plus serein, plus en accord avec moi-même, plus abouti. À cause des nombreuses turpitudes familiales, j'ai toujours eu l'impression de n'avoir été qu'un travail "baclé", fini à la va -vite.

Il me manque la couche finale: le *"gelcoat",* cette belle couche luisante et réfléchissante qui rend les coques des bateaux si lustrées... Ma carrosserie sociale est plutôt cabossée, avec des grosses éraflures un peu partout, et surtout vers la tête. De ce fait, le capot ferme mal, le moteur prend l'eau, il y a des ratés dans la carburation, et parfois des méchants courts-circuits. Bien souvent, je suis en panne...

La dépanneuse ne se présentant pas, je suis bien obligé de me démerder tout seul ! À la démerde, à la dure, au charbon ! Comme pour tout un chacun, le combat est sans merci. Je me bats, je me débats, je lutte en permanence contre l'envie de capituler, contre le besoin de m'arrêter et de dire : « *Et merde, j'en ai plein les bottes, j'arrête tout, je liquide tout, je me barre...* » Toute ma vie, je me suis senti plus ou moins bien dans mes pompes. D'ailleurs, au fait, c'est vrais: Je m'achète toujours des pompes d'une pointure trop courte...

.......Finalement, c'est très facile de se barrer quelque part, loin. On repart à zéro, on se donne une nouvelle chance. C'est comme au poker, quand on vient de perdre gros sur une main qu'on croyait gagnante. On attend la nouvelle donne avec impatience. Parfois, ça tombe bien, la donne est belle ! À soi alors de se la jouer correctement. .....Ça m'est arrivé, parfois......

Mais la vie, c'est un peu plus compliqué que ça, on ne repart jamais complètement a Zéro. On continue la même vie dans un autre paysage, dans une autre langue. J'ai pas mal bourlingué dans ma vie et j'ai envie de repartir : Quitter l'Amérique, redémarrer autre chose tant qu'il en est encore temps.

Oui mais où ? Au Brésil ? Là où toute cette histoire commence ? Ou bien encore au Vietnam, où ma mère est née ? Pourquoi pas. C'est un des points cardinaux de ma vie. Tel le chameau qui retournerait mourir où il est né, je finirai mes jours où ma mère est née... Puisque aussi bien, à force de changer de place, je ne suis plus de nulle part...

Que de détours, que de fuites, que de batailles pour en arriver là, pour avoir le droit de se dire que derrière le lustre d'une pseudo réussite sociale ne se cache qu'un Vagabond.

*
* *

L'histoire de ma famille est complexe. Je vous la délivre telle quelle, brut de démoulage, sans fioriture ni rature. Je vais probablement esquinter quelques morts, cracher sur leurs tombes, jouer les sacrilèges et réveiller quelques vieilles blessures. Ceux que j'insulte le méritent bien. J'épargnerai les vivants, j'ai été trop bien élevé. La schlague fait des enfants très polis mais un peu nerveux, voyez-vous, chère Madaaaaame ! Trop cravaché, le pur-sang il a peur de tout et devient difficilement contrôlable. Inutilisable, le bourrin... Alors c'est le pâturage ou l'abattage, selon l'humeur du propriétaire.

Aussi nerveux qu'un pur sang esquinté, je suis devenu trop réactif. Je n'ai pas de patience, mon indulgence est courte, mon jugement rageur. Je répond à l'insulte par la châtaigne, je ne provoque pas mais j'ai des réactions imprévisibles... Un rien me touche, tout m'affecte ! Et puis parfois je me fais peur, tout seul, parce que je sais que je ressemble a mon Père.

Et là, j'ai honte de moi-même.

Mon frère et ma soeur sont sacrés, ils sont une part de mon univers intime. Ce sont les compagnons involontaires de nos misères communes. Ils ont beaucoup plus souffert et enduré que moi. Par leur présence même, ils m'ont protégé. J'étais le plus jeune et le plus impertinent.

Et comme j'en suis fier de cette impertinence ! Comme je suis fier d'avoir eu parfois le courage de résister aux turpitudes paternelles, comme je suis fier d'avoir eu parfois le courage de le contredire, et même d'avoir eu, à l'occasion, l'audace de lui clouer son bec, de lui dire en face ses quatre vérités. Comme je suis fier de lui avoir balancé une bonne beigne dans la gueule, cette fameuse soirée quand il m'a giflé pour la dernière fois. Là, j'ai enfin vu ce tyran domestique se dégonfler, se rapetisser sous l'effet de la crainte que tout-a-coup je lui ai inspiré .. Je venais de passer mon examen de passage, j'étais devenu un homme ! Enfin presque... C'est ce que je croyais. Je n'avais en réalité fait qu'un nécessaire premier pas pour me désolidariser de cet homme qui nous avait perpétuellement trahis. Durant toute notre enfance, mon frère, ma soeur et moi-même avons été les victimes d'un tyran domestique, notre père, Roland Cahen, aussi connu sous le nom de Roland Cahen-Salabelle. Un usurpateur parmi d'autres.... Un père indigne.

Roland Cahen se voulait « Philosophe »...... Raté.

Il fut (presque) un Charlatant. Parfois, a ses heures, il fut aussi un Médecin. Mais sa violence domestique, aussi bien verbale que physique, et ses écarts de conduite dans son cabinet de consultation réduisirent la stature du cher homme à sa juste mesure.... Le Néant

Une contradiction vivante, un curieux mélange d'indépendance d'esprit et de conformisme... Un homme souvent peureux au caractère paradoxalement fantasque, sujet à des rages dangereuses et imprévisibles. Il s'autorisait des caprices de Diva, des colères Olympiennes et, pour ses proches, des gestes trop lestes qu'il paraissait avoir des difficultés à contrôler. Au total, il inspirait plus de peur que de respect. La parole, dès qu'il s'emportait, précédait de peu la gifle brûlante, ses impatiences trop fulgurantes montaient comme du lait sur le feu.

Pour la galerie, il paraissait séduisant, cultivé mais aussi pompeux, cuistre et un brin pénible à écouter. Le ton était souvent pontifiant avec cette onctuosité que l'on trouve chez les faux savants. Car le bon docteur se sentait investi d'une mission : Tel un religieux atteint d'une crise de prosélytisme, il allait convertir tout son monde à la Psychanalyse Jungienne.

Dans un espèce de galimatias pseudo philosophique et pseudo scientifique, Roland défonçait des portes ouvertes, déblatérait des vérités premières en prenant des contenances de Grand Prêtre. Que de baratin, que de platitudes ont ainsi été proférés devant un public ébahi qui prenait une jargonophonie artificielle pour de la profondeur de pensée.

Roland se devait de séduire, par tous les moyens. Très sensible au jugement d'autrui, il s'efforçait en permanence d'obtenir l'assentiment de son interlocuteur, quel qu'il soit. Son constant besoin de séduction et de justification et sa quête permanente d'une approbation inconditionnelle rendait ses proches anxieux et crispés.

On vivait en permanence dans l'attente d'une nouvelle crise : un rien le frustrait. Torquemada, le grand inquisiteur de la très sainte Église espagnole s'était trouvé un héritier aussi imprévu qu'imprévisible. Car mon père, avec cette rigidité propre aux paranoïaques, transformait chaque rencontre, chaque conversation, aussi bénigne fut-elle, en un interrogatoire en bonne et due forme ! Ce besoin de tout savoir, cette nécessité névrotique de garder le contrôle sur tout et tout le monde le rendait parfaitement insupportable.

Mais ceci lui a aussi joué des tours : Sa vie sentimentale fut bien trop tumultueuse... Car ce besoin de contrôle absolu implique un corollaire : Une jalousie aussi terrible que terrifiante. Roland doutait de tout, de ses proches, de sa femme, de ses maîtresses. À tous ceux-ci, à toutes celles-là , il fit une vie impossible. Personne n'en est sorti indemne, surtout pas nous, ses enfants, ses victimes... On pourrait lui trouver des circonstances atténuantes : il avait un héritage très lourd à porter. C'est là sa seule excuse ; elle est de taille.

1

MERCI BISMARCK !

Tout a commencé vers 1870 à cause de cette couille molle, à cause de cet emplâtré à la vessie bourrée de cailloux, à cause de ce fieffé connard de Louis Napoléon , qui, se prenant pour un Empereur, après avoir lamentablement échoué dans ses ambitions Mexicaines, avait décidé d'aller foutre une toise à ces enflures de Germains, juste histoire de se redorer le blason. La suite, on la connaît. La débâcle à Sedan, la perte de l'Alsace-Lorraine, la Commune de Paris et cinq milliards de Francs Or à payer à l'Allemagne, en dix ans, à titre de réparation ! La dette fut payée en cinq ans, et sans douleur.... La France , a l'époque, était probablement la nation la plus riche du monde.

Passons vite sur ces lamentables stupidités Pseudo-Napoléoniennes.

Toujours est-il que tous ces bons petits Français d'Alsace-Lorraine qui, entre nous soit dit, n'avaient rien demandé à personne, se sont mis, bon gré mal gré, à parler l'Allemand, à force de coup de pieds au cul ou autres bonnes claques dans la figure..... Ça ne devait pas rigoler tous les jours dans les chaumières sous la botte teutonique.

Merci Bismarck !

*
* *

Mon arrière grand-père avait alors quatorze ans, il s'appelait Léon Simon. Il était apprenti bonnetier à Épinal. Donc, pris dans le filet...

D'origine Israélite, fils de Rabbin, mais pas plus religieux que vous ou moi, il devait probablement parler yiddish et par conséquent avoir une très bonne compréhension de l'Allemand. Il n'a pas mis longtemps à comprendre que ces épouvantables soudards qui venaient tout juste de remplacer une administration franchouillarde, somme toute assez molle et relativement bienveillante, allaient lui en faire voir...

L'atmosphère du temps puait déjà l'antisémitisme. Être Israélite sous la botte Prussienne n'était pas une partie de plaisir. Pas question de rester là. Il décida donc de changer d'air. Partir, c'est bien sur le papier, mais où aller ? La Révolution? Non merci ! La commune de Paris, non, ça ne le tentait pas. « *Regardons la carte.* » Ah bien voyons: là, justement : le Brésil, ça sonne bien. C'est grand, c'est exotique, c'est libre, c'est nouveau et ça bouge. C'est bon à prendre !

    « *Salut les Schleus, à la revoyure ! Bonjour, les Tropiques...* »

    Il prit son balluchon, s'en fut à Marseille et comme un grand, tout seul, sans une arrière-pensée, prit un passage pour le Brésil sur le premier navire en partance. À quatorze ans, il décarre... gonflé, l'ancêtre !

    Les détails de ce premier voyage me manquent, mais ça n'a pas dû être trop éprouvant, puisque par la suite, il a traversé l'Atlantique vingt-deux fois, toujours entre la France et le Brésil. Il devait aimer les voyages en bateau.

    Tout ce que j'ai appris de mon arrière grand-père m'a été raconté par une de mes tantes et un peu par ma grand-mère... Très réticente d'ailleurs, ma chère grand-mère.

    Quant à mon père, il s'efforça toute sa vie de garder un secret absolu sur les « histoires de famille » et il alla jusqu'à cacher des photos pour être bien certain de nous tenir dans la plus grande ignorance des avatars familiaux.. Il y avait de sales histoires à cacher... Mon père en avait honte. Il ne l'a jamais vraiment jamais exprimé mais, derrière son caractère spontané, fantasque et imprévisible, il cachait une honte énorme. Par exemple, je n'ai jamais vu une seule photo de mon grand-père paternel, Robert Cahen... Pas une, rien, Zip ! Rayé de l'histoire, le grand-père Cahen. Je ne sais même pas à quoi il ressemblait. Je ne l'ai jamais connu, vous comprendrez pourquoi plus avant dans cette histoire.

    Dans notre famille, il n'était même pas permis d'effleurer l'idée que peut-être, on pourrait parler un petit peu du passé. Pas question. Tabou absolu ! Un secret reste un Secret !

    Tout ce que je sais concernant mon arrière grand-père, à part mes farfouillades, m'est revenu par le biais de ce que les ethnologues appellent la tradition orale. Il se peut qu'il y ait eu une part d'embellissement et, après tout, c'est normal. Dans la tradition orale, les ancêtres sont toujours très respectés, en conséquence de quoi, on tend à gommer ou à cacher leurs méfaits et leurs petitesses, qui sont dans la nature même des hommes, aussi grands fussent-ils. La tradition orale "filtre" le passe. C'est dans la nature des choses.....

Le filtre est d'autant plus serré qu'ils ont tenu les cordons de la bourse, ces chers ancêtres ! On continue à respecter leur souvenir, comme s'ils pouvaient encore décider de la distribution des héritages... Et il faut en faire des bassesses pour détourner un héritage ! Le pli reste... Plus ils ont été moches et dégueulasses et plus on les décrit beaux, puissants et généreux, ces chefs de tribus. Ainsi naissent les légendes ! On dit que le souvenir embellit tout. C'est vrai en ce qui concerne les souvenirs très personnels d'un individu donné, mais dès que l'on entreprend une démarche qui se veut un peu plus objective, c'est le phénomène opposé qui apparaît.

Douter de tout, et surtout des contes de fées, m'a amené à entamer une démarche inverse. J'ai donc élagué l'histoire de la famille de toutes ses fioritures, j'ai repensé la saga familiale sous un éclairage plus réaliste que ce que les bonnes âmes ont bien voulu me raconter.

Mais je n'ai rien inventé. Je n'ai fait que rassembler des faits et des souvenirs... C'est pour ça que j'ai fouillé et farfouillé un peu partout. J'ai interrogé tout le monde : les vivants, les morts et leurs papiers secrets, les avocats véreux, les banquiers faillis, les Notaires et leurs testaments truqués. Beaucoup m'a échappé, les secrets étaient bien gardés. Au total : que de déboires, que de gâchis, que de vilenies et que de honte !

Depuis tout jeune j'ai cherché à savoir pourquoi notre famille s'était tellement trimballée. Je ne comprenais plus : J'étais né en Suisse, d'une famille française, mais ma grand-mère paternelle était Brésilienne, mes tantes, mes oncles étaient Brésiliens, alors que ma mère ,elle, était née à Hanoi...

- *Où ?*
- *À Hanoi.*
- *C'est où ça Hanoi ?*
- *C'est en Indochine.*
- *Ah bon ! C'est comme le Brésil, alors ?*
- *Ah mais non, mais pas du tout, tu n'y es pas ! C'est l'opposé. Et puis d'abord l'Indochine, c'était Français, c'est au bout du monde, mais c'était Français quand même !*
- *Et le Brésil alors ?*

- *Ah bien, le Brésil, c'est autre chose. Le Brésil....C'est le Brésil !..*
-
- Mais qu'est ce que c'est que ce merdier ? Qui suis-je ? D'où viennent mes parents ?

Pendant longtemps, quand j'étais gamin, je me suis cru Suisse puisque j'y étais né. Mes petits potes à l'école me demandait :

« Et toi d'où que t'es ? »
Moi, je répondais : « Ben, j'suis Suisse », avec mon meilleur accent Vaudois.

Et bien non, pas du tout, méprise totale : les Suisses n'ont pas voulu de moi.

...(Là, ils ont perdu au change......)

- Ah bon, alors je suis Français... Je me dis dans ma petite tête...
  .
- *"Oui, mais avec une différence.*
- *Ah bon ! Laquelle?*
- *Et bien, comprenez-vous, vous êtes Français mais vous êtes juif aussi. Alors, en fait, vous n'êtes pas complètement Français.*
- *Ah oui, mais j'ai quand même fait mon service militaire et mes parents étaient bien Français, eux aussi.*
- *Mais c'est bien, ça, nous vous en félicitons, mais pour renouveler votre passeport, il vous faudra quand même un certificat de nationalité française.*
- *Ah bon? Et depuis quand ? Et c'est quoi, ça d'abord ?*
- *Il vous faut une décision du juge du tribunal d'instance... Parce que vous comprenez, vous êtes né en Suisse.*
- *Mais mes parents sont Français !*
- *Oui, mais votre mère est née au Vietnam, et le Vietnam, ce n'est plus Français... Quant à votre grand-mère paternelle, elle, elle est née au Brésil... Alors, comprenez-vous, il y a un doute..."*

Et bien non, justement, je n'ai plus voulu comprendre. Il n'y avait plus de doute. J'en ai eu marre, je n'étais de nulle part, toujours le cul entre deux chaises. Et ces deux connasses de l'État-civil dans leur ridicule petit bureau de la Mairie du XIVᵉ arrondissement de Paris ! Quel plaisir elles ont pris à me faire comprendre qu'elles avaient vraiment l'intention de m'emmerder jusqu'au bout ! Peaux de vache !......Conasses Oui!.......

...........Alors je suis devenu Américain, c'était encore le plus simple. Eux, ils ne m'ont pas fait d'emmerdements. Ils étaient simplement contents de me voir venir. Peut-être qu'à la réflexion, j'aurais dû devenir Brésilien, moi aussi... comme le reste de la famille. Mais comme je ne parle même pas le portugais alors que j'étais déjà "fluent" en anglais, j'ai choisi la solution de facilité .

Quand même, ça fait mal, quand on arrive à la Mairie pour renouveler sa carte d'identité et qu'à trente ans, après avoir été Français tout au long de sa vie, on s'entend dire que, jusqu'à preuve du contraire, on ne l'est plus ! Ça laisse comme un arrière-goût d'amertume, une sensation d'abandon.

Et au fait, merci Pasqua et tes lois à la con ! Tu peux te les foutre où je pense, tes lois sur l'immigration ! Tiens tu veux que je te dise, tu es aussi nul que Napoléon III ! Même probablement, mais que dis-je ? Très certainement beaucoup plus con que lui ! C'est pas peu dire.

Quant à la famille, je me suis dis : « *Quelle histoire ! Qu'est-ce que c'est que ce sac d'embrouilles ? Comment nous ont-ils foutu dans un tel pétrin ?* » J'ai donc posé des questions, à droite à gauche, cherché, j'ai lu des trucs que je n'étais pas censé lire, déniché des documents bien cachés et je me suis fais un petit portrait de famille que je ne trouve pas très réjouissant. C'est une histoire vraie, c'est son seul mérite. Je me suis peut-être pris les pieds dans le tapis pour de minuscules détails, mais j'ai respecté la vérité historique des faits.

Ainsi le "grand-papa Simon", comme je l'ai toujours entendu appeler, était devenu, au Brésil, un type « énorme », au propre comme au figuré. Dans ce qui va suivre, j'ai essayé de faire la part des choses, mais au total, je suis arrivé à la conclusion que mon arrière grand-père était un fieffé Salaud, un arriviste et un tricheur. Bref, un vrai capitaine d'industrie. Cet adolescent qui commence sa vie au Brésil, dans des conditions précaires et brutales, va, sans le savoir, poser les premiers jalons de nos turpitudes familiales. Sa descendance sera prise dans un maelström dont personne ne sortira indemne. La force, la puissance, ça sonne bien et c'est utile sur le moment, ça fait gagner des batailles, ça donne une position avantageuse et puis, plus tard, on se rend compte que le champ de bataille est jonché de victimes : les générations suivantes.

Ce sont les petits-enfants, donc la génération de mes parents, qui ont mis particulièrement du cœur à l'ouvrage pour saborder l'empire familial. Ah, les salauds ! Ils n'y sont pas allés avec le dos de la cuillère. Ils se sont bien esquintés, plus que de raison. Résultat : la génération suivante en est encore toute cabossée.

Car mon frère, ma soeur et moi même, dans l'ordre des secousses, on a dégusté pas mal.

2

LE BRÉSIL

J'ai dit de mon arrière grand-père qu'il était Athée, bien que fils de Rabbin. Ce n'est pas tout à fait vrai. Sa seule originalité, s'il en eu une, fut qu'il était adepte d'une religion, nouvelle à l'époque : le "positivisme scientifique", religion fondée par le philosophe Auguste Comte et qui semble avoir influencé une bonne tranche de la société brésilienne, alors qu'en France, cette nouvelle philosophie a gardé un caractère relativement confidentiel. Cette école de pensée n'aura pratiquement pas de suite, en Europe tout au moins. Le terme religion semble un peu exagéré quand on parle du positivisme scientifique. Il s'agit plutôt d'une philosophie appliquée, issue des découvertes scientifiques de la fin du XIXe siècle. Les miracles de la Fée électricité et autres réalisations industrielles avaient quelque peu échauffé la tête de ce pauvre Auguste Comte. Il n'a été que faiblement suivi. Tout bien pensé, on pourrait même dire que le positivisme scientiste était, paradoxalement, la "religion" des Athées.

La conjonction des idées d'Auguste Comte et des poussées coloniales du temps allait donner des ailes à mon arrière grand-père. Cet hypocrite appliquera l'alliance classique du sabre et du goupillon, ici le goupillon a un autre nom ou une autre couleur, mais en fait c'est bien la même chose. Maîtres et esclaves. Les maîtres changent de noms, les esclaves restent les mêmes. La samba ne change pas de rythme et l'argent va a l'argent.

Ainsi Léon, une fois débarqué au Brésil vers 1870 et fort de son apprentissage dans la bonneterie, ouvrit un petit atelier de corsetterie à Jacarei, petite ville de la côte brésilienne, entre Rio de Janeiro et Sao-Paulo. Il devait posséder un petit pécule pour démarrer son affaire. Cette corsetterie était une bonne affaire car les doudous Brésiliennes, marrantes, spontanées, bien vivantes et bien en chair (car nourries principalement à la farine de manioc ou de maïs), étaient naïvement enthousiastes pour tout ce qui venait de France et faisaient la queue à la porte de sa boutique.

De l'atelier, on fit une fabrique, de la fabrique on fit une grosse entreprise ; cette entreprise devint gigantesque, elle fit des profits monumentaux. Ceux-là furent investis dans l'immobilier, dans le génie civil, dans des magouillages et autres tripatouillages bien juteux. Au bout du compte, l'arrière grand-père, philosophe du dimanche n'ayant pas perdu le nord, finit par faire de la politique...

Mon aïeul devint évêque du chapitre local de l'eglise positiviste, ce qui allait lui valoir l'immédiate considération des élites locale et l'admiration de ses concitoyens. Cela, et d'autres appartenances, lui ouvriront très vite les portes de la grande politique ! En 1904 eut lieu la révolution brésilienne contre le gouvernement central qui n'était qu'une branche de l'Empire portugais... Quand la branche cassa, les écumeurs de haute mer, les pirates de tous bords étaient déjà à la besogne ! Pour la plupart cependant, tous ces rapaces n'étaient que des amateurs. Il leur manquait l'ingrédient principal : le nombre.

En ce qui concerne mon aïeul Léon Simon, on m'a raconté une légende et on m'a escamoté le plus important : il n'était pas tout seul... Il a fallu que je déduise moi-même la cause de son succès. On m'a raconté des blagues dignes des Mille et une nuits. On a voulu me faire croire que le grand-papa Simon

« *délivra les esclaves, à cheval, en faisant le coup de feu, le pistolet à la main.* » Je cite !

Et il fut si bon, si courageux, si instruit, si juste, qu'on lui demanda d'accepter l'honneur de devenir le premier Président de la « Fédération des États-Unis du Brésil. "......Etc, etc, etc....

Excusez du peu !

Sonnez buccins, résonnez trompettes le grand Léon Simon est arrivé ..... À ses fins.

C'était déjà bien, pour un petit apprenti bonnetier, de faire fortune. Mais là, on en rajoute. Tout ça est bien trop beau, ça semble issu du dernier numéro de *Paris Match*. Ou bien toute cette histoire n'est qu'une grosse exagération ou alors il y a une omission grossière... Si elle est vrai, cette histoire est tronquée. Ou truquée. Un individu isolé ne pourrait pas faire un coup comme ça. L'arrière grand-père n'a pas fait de coup d'état. Pour se voir offrir un poste politique de cette importance, il faut des appuis extraordinaires que même l'appartenance à l'église du positivisme scientifique ne peut expliquer. Non. La vérité toute simple et secrète à la fois, c'est que l'arrière grand-père était Franc-Maçon.

Et c'est là le grand secret. Le grand silence. Personne ne m'en a jamais dit un mot. Car personne ne le savait ou si quelqu'un le savait, cette personne s'est soumise à la règle absolue du silence... Mais ceci explique tout... Tous ces non-dits. Tous ces chuchotements. Tous ces voyages inexpliqués. Toutes ces zones d'ombres parsemant la vie de mon arrière grand-père. Le secret, encore le secret et toujours le secret. Aucun Maçon, surtout à cette époque, n'a le droit de divulguer son appartenance à une telle organisation. Surtout pas à sa famille. Il paraîtrait que, de nos jours, cette règle s'est assouplie quelque peu.

Je n'ai en ma possession aucun document, aucune preuve tangible de ce que j'avance, mais l'histoire du XIXe siècle me donne raison. À cette époque, dans le monde entier, pratiquement tous les mouvements de libération avaient été initiés et fomentés par ces loges éclairées et totalement secrètes. L'hypothèse de l'arrière grand-père franc maçon semble être la bonne car la suite des événements corroborent cette hypothèse. Sous cet éclairage existe une logique, un fil d'Ariane que l'on peut suivre. Mais qui l'eut cru ? De penser que la révolution brésilienne, que la création de la Fédération des États-Unis du Brésil est en fait rien moins que l'aboutissement d'un projet maçonnique mené à bien par, entre autres, mon arrière grand-père, ça me laisse pantois et essoufflé.

De plus, si mes informations sont exactes, l'affaire s'est déroulé sans trop de douleur ni de dégâts, ce qui pourrait indiquer une exécution impeccable à partir d'un plan bien préparé.

Car, bien sûr, le beau Léon refusa d'être le premier Président de la fédération des Etats-Unis du Brésil. Les Maçons se doivent de rester modestes, de rester dans l'ombre. Leur travail ne cesse pas une fois la révolution accomplie, mais ils cèdent le pouvoir à leurs hommes de paille. Le classique *front man* si cher aux Américains. En échange, je suppose avec l'aval de sa Loge, il s'était déjà aménagé un petit marché en or massif... Grâce auquel il allait devenir, non pas l'homme le plus riche du Brésil, mais quelque chose d'approchant. Il était dans le peloton de tête.

Voici comment il s'y prit : déjà, à l'époque, dans les années 1890, les fameuses favelas si classiquement brésiliennes commençaient à escalader les collines autour de Rio de Janeiro, alors capitale du Brésil. L'arrière grand-père avait déjà vendu sa compagnie de bonneterie pour une bonne pincée et avec cet argent il allait réaliser son rêve de Bâtisseur.

En 1889, il avait fondé une compagnie de génie civil dont le titre officiel était : *Companhia Predial e de Saneamento do Rio deJaneiro.* On l'appellera simplement la « Saneamento ». Au départ c'était une petite entreprise d'assainissement qui commença par détruire les favelas dans Rio et ses alentours et qui les remplaça par des immeubles locatifs à loyers modérés (l'ancêtre des H.L.M., en quelque sorte, idée bien dans le fil de la pensée maçonnique), et surtout s'octroya un incroyable marché : la construction de la quasi-totalité des égouts de Rio de Janeiro.

Apparemment, Léon Simon a réussi a faire d'une pierre deux coups : il s'est bâti une énorme fortune personnelle, d'une part, et a monté une vaste entreprise dont la mission allait directement dans la direction de ses idées philosophiques.

Difficile de faire mieux ! Être en accord avec soi-même et en même temps faire fortune . Cela n'est-il pas un bon plan ? Oui, mais justement, tout cela semble trop beau. Je pense qu'en réalité Léon Simon profita de son appartenance à la franc-maçonnerie pour faire croire au bon monde qu'il oeuvrait pour le bien public alors qu'il n'avait en tête que le désir de s'en mettre plein les poches !

Astucieux.

Ca n'a l'air de rien, les égouts. D'abord, c'est vraiment très sale là dedans et ça a très mauvaise presse. Personne ne veut y toucher, aux égouts, et pourtant : construire des égouts peut devenir une source de revenus inimaginables. Soyons cyniques, on a bien le droit de l'être après tout, car comme on connaît ses saints, on les honore..........N'est-ce pas ?

Il était bien entendu que si vous souhaitiez avoir un mot à dire dans le Plan directeur, par exemple, si vous vouliez que les égouts passent sous votre rue : n'aurait-il pas été dans la nature des choses d'envoyer un petit cadeau ? Discret, comme à l'habitude, n'est-ce pas, juste histoire de graisser la machine. Le bakchich, quoi ! Et par ailleurs, une des conditions du fonctionnement de cette société, que Léon avait lui-même négocié avec le gouvernement (ses potes en quelque sorte!), était qu'en échange de son accomplissement social, les profits de cette dite compagnie ne seraient pas imposables ! Bravo, bien joué... Et nous applaudissons bien fort le jongleur ! N'oubliez pas le pourboire !

Nous relogeons les pauvres dans nos H.L.M. subventionnés par l'État brésilien, l'État nous passe commande d'immense chantiers, nous additionnons quelques petits pots-de-vin et autres ristournes et, à la fin du compte, tout Rio nous appartient... Al Capone n'était qu'un chérubin... Oui, mais lui n'était pas Franc-maçon, il était tout seul, et puis vous le savez aussi bien que moi : le F.B.I. n'existait pas au Brésil.

Avec le temps, Léon Simon s'était taillé un petit morceau de Brésil assez conséquent...

Au pinacle de sa fortune, juste avant le krach boursier de 1929, vingt-cinq ans après la révolution brésilienne, la surface sociale de grand-papa Simon comprend non seulement ladite Saneamento et ses égouts, mais aussi la moitié de la superficie immobilière de Rio.de Janeiro. Ajoutons à cela : du café à ne plus savoir qu'en faire, des plantations en Amazonie, des mines de magnésite dans le sud du pays, des hôtels... Et, par dessus tout, le pouvoir de continuer à bricoler ses petites affaires sans que personne ne pose de question ! Merci, madame la Corruption... Il avait dû en arroser plus d'un...

Le krach de 1929 va mettre un peu d'ordre là-dedans. Le Brésil va être durement touché par l'effondrement de Wall Street, plus durement que n'importe quel autre pays, sauf peut-être l'Allemagne. Si le Brésil fut si durement touché par le krach de Wall Street, c'est parce qu'il était devenu une succursale tropicale des USA. Le résultat fut catastrophique. Ma grand-mère me raconta que le court du café tomba si bas qu'ils s'en servirent en guise de combustible dans les locomotives à vapeur.

Il semblerait aussi que l'introduction concomitante du caoutchouc synthétique anéantit toute l'économie de plantation amazonienne. Cette économie était déjà bien mal en point depuis que les Anglais avaient exporté des plans d'Hévéa vers l'Asie du sud-est. Manaus et ses palais de marbres tombèrent en ruine. L'industrie du caoutchouc était bel et bien morte. Le cours de la monnaie brésilienne s'effondra, conséquence d'une inflation épouvantable.

C'est la Seconde guerre mondiale qui sauva l'économie brésilienne. Le malheur des uns…

Malgré tout, l'édifice familial tint bon, d'une part grâce aux investissements miniers, d'autre part grâce à la gestion du vieux Léon qui garda le contrôle de la société jusqu'à sa mort.

D'après l'état civil français, il mourut à Paris le 10 avril 1932.
Car il mourut en France.

Après le krach de 29, le climat probablement moins amical de la politique brésilienne vis-à-vis de ces capitaines d'industries et autres pirates de haute lignée allait pousser mon arrière grand-père à rentrer au bercail... Vive la France !
Je me demande aussi si, entre-temps, les Francs-maçons n'en n'ont pas eu assez des histoires de la famille. Au bout d'un moment, ça a fait trop de vagues. Et s'il y a bien une chose que les Maçons n'aiment pas, ce sont les vagues, justement. J'ai dans l'idée que Simon s'était fait proprement virer de la franc-maçonnerie.

Après sa mort, de gigantesques malversations furent commises par deux de mes oncles. Ils profitèrent des querelles familiales constantes et de la guerre, bien sûr, pour piocher dans les comptes des différentes sociétés. La *Saneamento* s'effrita alors que leur compte en banque personnels augmentaient, hors de toutes proportions. Ces oncles, mon oncle Miguel surtout, profitèrent autant de la faiblesse de ma grand-mère que de la lâcheté de mon père. Ce père qui, une fois la guerre terminée, aurait eu mille fois l'occasion d'aller au Brésil mettre un peu le holà à ces malversations mais qui se dégonfla ! Et se perdit en explications vaseuses pour expliquer qu'il n'avait rien a y faire là-bas ! Ces mêmes oncles qui, plus tard, se tirèrent dans les pattes alors que la bête était déjà totalement dépouillée, s'accusèrent mutuellement de tous les maux et allaient présider à la ruine totale de ce qui fut un empire. En guise de bouquet final, dans un dernier sursaut, l'oncle Miguel liquidera la *Saneamento* par une dernière de ses manoeuvres frauduleuses. Pensant probablement à sa retraite, il en profita pour se garder un petit trésor bien cache.

Cet échec, aussi impardonnable que prévisible, était l'aboutissement logique d'une aventure menée par des hommes incapables de voir plus loin que leur propre intérêt. Après tout, ce fut une fin très morale. L'absence absolue de contrôle fiscal, la haine réciproque, absolue, réelle, profonde de deux frères l'un envers l'autre, le goût du secret, de la vengeance et de l'âpreté ramèneront, en quelques décennies, cet empire à son annihilation pure et simple. Cycle éternel : naissance, vie et mort.

On y reviendra... C'est juteux et très instructif : futurs malfaiteurs, prenez-en de la graine. Les plus malfaisants de tous ne sont pas ceux qu'on pense...

Tout s'écroula rapidement après la Seconde Guerre mondiale. La chute peut s'expliquer pour différentes raisons, pas seulement économiques. L'économie brésilienne, qui avait grandement profité de la guerre, subit après la fin des hostilités un brutal ralentissement. Une inflation galopante, persistante et interdisant tout réel progrès économique allait bloquer ce pays dans un état intermédiaire entre une économie tiers-mondiste et une économie moderne de type occidental. Cette inflation, avoisinant les trois mille pour cent certaines années, inhérente à la structure économique du Brésil et qui n'a jamais été correctement expliquée par aucun"Expert", a été le plus formidable frein à l'expansion économique de cet immense pays aux richesses inexploitées.

S'ajoutant à ce problème de structure, la corruption imprègne toutes les couches de la société et tous les niveaux gouvernementaux. Miguel avait fort probablement su utiliser cet outil pour ses propres fins. Quand il fut remplacé par George Neu à la direction des affaires, celui-ci ne sut pas s'adapter à cet état de fait. À la différence de Miguel Cahen, George Neu était un honnête homme. Polytechnicien, président de l'Alliance française à Rio de Janeiro, il fut plus victime des manigances et manipulations de Miguel que son complice involontaire. Il mourut relativement pauvre, lui..

3

BERTHA

Bertha était ma grand-mère. Elle ne fut pas heureuse.
Revenons quelque peu en arrière.

Mon arrière grand-père, Léon Simon, évêque de l'Église positiviste du Brésil, a fait son petit bonhomme de chemin. Il est au sommet de sa forme vers 1910. Fidèle à sa classe sociale, il suit le code morale de la bourgeoisie. Ceci implique bien sur un mariage, des enfants, un train de vie somptueux, des maisons un peu partout, des voyages incessants entre le Brésil, la France et la Suisse. Vous ne croyiez tout de même pas qu'il puisse exister des histoires d'argent sans quelques voyages en Suisse, non ?

Il faisait régner sur sa famille et son entourage une autorité absolue qui confinait à une tyrannie domestique dont les effets délétères continueront de se faire sentir sur les futures générations.

La vie personnelle de mon arrière grand-père depuis son arrivée au Brésil jusqu'à la naissance de ses enfants m'a été racontée sous plusieurs versions. Toutes semblent entourées d'un flou artistique. Quand il débarqua au Brésil, Léon était très jeune. Il a bien dû s'y trouver quelque belle femme, mais pour ce qui était des choses sérieuses, il retourna en France.

Il n'était pas question, mais alors vraiment pas du tout question qu'un arriviste du calibre de Léon se commit officiellement avec une colorée, aussi belle fut-elle, même au Brésil. Non Monsieur ! Mon arrière grand-père allait convoler en justes noces avec quelqu'un de bien. Pour l'occasion, il rentra à Paris et épousa une jeune fille du meilleur monde, d'origine hollandaise : Sara-Sophie Khonrad, elle-même née à Paris en 1858. C'est là qu'ils se marièrent, avec toute la pompe de circonstance, vers 1890. Elle mourut également à Paris, le 3 janvier 1929, trois ans avant son mari.

Ils eurent quatre enfants : Émile, Seureth, Bertha, et Élisa.

Je crois qu'Émile était l'aîné. À la mort de mon père, en 1998, en fouillant dans tous les papiers qui avaient échappés à une destruction systématique, j'ai retrouvé un petit bouquin : un recueil de poèmes écrit par Émile Simon. Celui-ci avait quitté le Brésil pour l'Angleterre à un jeune âge. J'aurais aimé savoir pourquoi. Peut-être ne s'entendait-il pas avec ses parents ? Plus tard, il avait publié ce petit ouvrage. Il y avait un portrait de l'auteur, en page de garde. C'était le portrait d'un parfait gentleman de la gentry. Fin , distingué… un air plus anglais que brésilien, quoi !

Bertha fut ma grand-mère, Seureth était sa cadette, de quelques années seulement. Quant à Élisa, je crois bien qu'elle est également partie en Angleterre, mais par la suite, on n'en a jamais plus parlé, ou plus exactement, je n'en avais jamais entendu parler. Chose curieuse, lors de la distribution des biens de Léon Simon, après sa mort, il semblerait que seuls Seureth et Bertha se soient partagés la presque totalité du gâteau. Où sont passés Émile et Élisa ?

Bertha était certainement plus timide que bête, et passablement triste. A la Limite je suppose qu'elle vivait dans un état de de dépression chronique. Sa vie et son mariage pourrait justifier cette dépression. Seureth, au contraire de Bertha, était très intelligente, astucieuse, pleine d'humour et était adorée par son père qui avait reporté toute son affection sur elle. Par la suite, ce biais affectif allait avoir de lourdes conséquences dans les choix opérés par Léon quant à sa succession à la tête de la *Saneamento*. Ma grand-mère me confiait parfois que sa mère avait été une femme très froide, sans véritable relation avec ses enfants, qui furent élevés principalement par des gouvernantes venue d'Europe. Un jour de grande confidence, Bertha raconta à ma soeur que le seul encouragement que sa mère lui offrit lors de son mariage forcé avec mon grand-père fut : « *Ma fille, rappelle-toi que ton père ne m'a vue nue pour la première fois que le jour de la naissance de notre premier enfant.* » Ma grand-mère, qui n'aimait pas son mari, a dû s'en sentir toute réconfortée !

Toute la famille vivait au Brésil. On menait grand train, un train somptuaire même, dans une maison de quarante pièces, véritable palais que Léon avait fait construire à Teresopolis, petite ville d'altitude à l'ouest de Rio, où le climat est particulièrement doux et tempéré.

Seureth était brillante, elle épousa un citoyen français, Henri Neu dont elle eut trois enfants : Juliette, Georges et Charles. Georges et Charles furent de très bon sujets. Ils furent élevés en France et tous deux intégrèrent Polytechnique. Charles devint plus tard ingénieur général de la Marine nationale et Georges s'en retourna au Brésil, où il s'occupa des affaires familiales. Georges mourut au Brésil vers la fin des années 80. Quant à Charles, je l'ai revu en 1998, lors des obsèques de mon père. Nous nous connaissions peu mais je crois que mon père le tenait en haute estime : il avait toujours eu un fort penchant pour les Neu qu'il préférait de loin à sa propre famille avec, je crois, de bonnes raisons.

Bertha, comme je l'ai déjà dit, n'était pas une lumière, loin de là, et son père ne lui pardonnait jamais ce manquement à la décence, dans une famille où l'on se devait d'être d'une intelligence supérieure à la moyenne. Il passait son temps à la rabrouer, à la comparer à sa brillante soeur. En fait, il la méprisait profondément, ce qui n'allait pas favoriser son épanouissement. La force de caractère étant un corollaire de la confiance que l'on a en soi-même. Et c'est ce qui allait précieusement manquer à ma grand-mère le jour des décisions importantes. C'était une pure Brésilienne. Quand je l'ai connue, elle était déjà vieille, donc complètement esquintée par tout ce qui lui était arrivé. Mais elle avait gardé ce côté un peu rêveur des gens des Tropiques. Les Brésiliens sont les gens les plus chaleureux du monde. Il semble qu'une culture de gentillesse infiltre cette société. Ma grand-mère avait été partiellement élevée dans ce climat. Le réveil fut rude. Bertha, peu penchée vers les choses de l'intellect, se consacra à la musique et devint une pianiste accomplie. Assez compétente pour remplacer au pied levé des accompagnateurs professionnels.

Ainsi quand l'accompagnateur de Toscanini (qui n'était à l'époque qu'un violoncelliste méconnu) se trouva mal, à Rio, lors d'une de ses grandes tournées, on vint chercher Bertha. Cela se passa vers 1908 ; elle devait avoir dix-huit ans. Ce fut pour ma grand-mère LE grand moment de sa vie, le moment suprême. À partir de là, tout ne sera plus pour elle que devoir et fadeur. Elle remplit son contrat fort honorablement et sauva le concert, ce qui n'était déjà pas rien pour une pianiste amateur, mais surtout, elle fut séduite par le charisme du maestro… je crois bien que ce dernier fut si satisfait de sa prestation qu'il lui fit un sérieux coup de rentre-dedans. Le genre de chose qu'il devait faire naturellement avec toutes ses accompagnatrices, juste pour maintenir le moral des troupes. Ma grand-mère ne s'en remit jamais. Même sur son lit de mort, sa dernière pensée dut être pour Toscanini ! La pauvre dinde en tomba éperdument amoureuse, il devint son obsession. Elle voulait épouser Toscanini et personne d'autre.

Seulement, voilà le hic ! Bertha était la progéniture de Léon Simon, évêque de l'Église positiviste du Brésil et, d'après moi, franc-maçon. Une demoiselle Simon n'allait pas épouser un saltimbanque doublé d'un homme à femmes à la réputation trop bien faite ! Aussi connu et célèbre soit-il, on ne va pas jouer *Roméo et Juliette* ici. On va faire un mariage de convenance ! Où les affaires d'argent ont la primauté sur les affaires de cœur. Et c'est ainsi que mon arrière grand-père détruisit la vie de sa fille. Elle était pourtant belle, ma grand-mère, et Toscanini la trouvait bien à son goût. Jeune, jolie, naïve, riche à millions, et toute fraîche. Que demander de mieux. Même pour un professionnel de la scène habitué aux plus grand succès, la petite était attractive et, finalement, ça aurait très bien pu marcher... Qui sait ! Les préjugés bourgeois privent les populations de bien des possibilités... En tout cas, et c'est bien la preuve que le choix de l'aïeul fut bien pire que le choix de sa fille, la suite fut une véritable catastrophe !

Le vieux Léon sentait le danger, il fallait faire vite, la petite Bertha aurait pu s'enfuir avec le beau Toscanini. Il y avait urgence.

Un soir, peu de temps après cette douce romance, le vieux Léon annonça à ses deux filles : « *Habillez-vous, Mesdemoiselles. Nous descendons à Rio, au théâtre.* » Arrivé au théâtre, le père pris ses deux filles par la main, s'assit à côté de Seureth et,de force, assit Bertha à côté d'un monsieur qu'elle ne connaissait pas, avec ces mots : « *Ma fille, je te présente Robert Cahen, il vient de France, c'est ton futur mari !* »

Prends ça dans la gueule et tais-toi ! Les marchands d'esclaves avaient probablement plus de considération pour leur marchandise que Léon n'en avait pour sa fille... Mais tant qu'on fait du fric, tout est justifié, n'est-ce pas ? Et on s'étonne après qu'il y ait des révolutions. Justement, chez les bourgeois, on ne se révolte pas : on subit, on crève de douleur, on hurle de chagrin, mais de désobéissance point. On a été trop bien asservi. Ah, comme la société est bien faite ! Tout concours à mater les révoltes, tout concours à éteindre les volontés au nom d'un ordre social bâti sur la puissance de l'argent. Tant pis pour les petites vierges romantiques.

Mon grand-père, le digne Robert Cahen avait fait le voyage expressément pour venir rencontrer sa future... Tâter la bête en quelque sorte ! Ceci a dû se passer aux alentours de 1908, plus ou moins. Quel salaud, quand même : venir comme ça se taper une petite vierge innocente, vendue par son maquignon de père, en prime de quelques affaires bien louches.

Robert Cahen, dit Robert-le-Malpropre, était marchand de biens chez Bernheim, à Paris. Il avait rencontré Léon en France au cours d'un des très nombreux voyages de ce dernier et ils avaient déjà effectué quelques fructueuses opérations ensemble. Aurait-il été maçon, lui aussi ? Peut-être bien, après tout.

Robert-le-Malpropre avait du bien. Beaucoup de biens. En tant que négociant, il avait déjà eu l'opportunité d'écumer les meilleures affaires, de profiter de quelques faillites mortelles, etc. Tel que je me l'imagine, la veuve et l'orphelin n'avait qu'à bien se tenir. Le rapace était là, guettant ses futures proies, prêt à la saisie de tout ce qui passait à portée de ses griffes. La vision d'une coalition transatlantique avait dû faire jubiler nos deux compères, chacun étant ouvert à toutes les combinaisons, toutes les compromissions. La fin justifie les moyens...

Contrainte et forcée, Bertha épousa donc Robert-le-Malpropre. Je crois que l'affaire se déroula à Paris, mais je n'en suis pas trop sûr, et en fait cela n'a aucune importance. Si on n'en parle pas, c'est que personne n'en était très fier... J'imagine que la nuit de noces a été quelque peu pittoresque, car ma chère Brésilienne de grand-mère, cette parfaite dinde, était tout ce qu'il y avait de plus vierge. Bonjour le viol ! Je sais qu'ils firent leur voyage de noces en Italie, et que là, à Turin, je crois, ils rencontrèrent Toscannini. Quand ma grand-mère lui présenta son mari, il s'exclama : *« Quel dommage ! »*

Bertha eu cinq enfants : Denise, Miguel, Roland, Régine et Gisèle. La plupart naquit en France. Peut-être que quelques uns sont nés au Brésil, mais ce n'est qu'un détail. Le couple s'installa près de Bordeaux, dans une petite ville du Médoc, à Castillon. Qu'il ne faut pas confondre avec un autre Castillon, Castillon-en-Couserans, petit village de l'Ariège où se trouve la ferme de ma famille maternelle. À Castillon-en-Médoc, ils vivaient dans une immense propriété et, très vite, la désunion fit rage chez les enfants. Bertha était totalement dépassée par les événements, elle passait son temps à regretter le Brésil et Toscanini, l'amour de sa vie. Elle se mit plus ou moins à radoter et perdit toute autorité sur sa progéniture. Une zizanie grave, persistante et définitive s'installa entre ses enfants.

Deux clans se formèrent : d'une part les aînés : Denise et Miguel ; d'autre part les plus jeunes : Roland, Régine et Gisèle. Leur père étant continuellement en vadrouille, Bertha ayant abandonné toute autorité, les aînés se crurent investis de la mission de faire régner l'ordre. La nature déteste le vide et ça commençait à devenir un sacré bordel dans la maison Cahen. Miguel et Denise étaient de vrais petits salopards. Miguel surtout était particulièrement vicieux, les petits devinrent leur souffre-douleurs. Dès que Roland fut en âge de répondre aux misères de son frère, de véritable batailles rangées commencèrent. Pratiquement tous les jours, Miguel et Roland se foutaient de méchantes peignées... et les choses allaient bientôt empirer. Roland et Miguel se haïssaient, d'une haine profonde ancrée dans les plus basses couches de leur inconscient. Ils se préparaient des lendemains enchanteurs et réjouissants !

Robert-le-Malpropre possédait énormément de biens dans les Landes. La forêt landaise, grâce à un programme gouvernemental établi au début du XXe siècle, avait été plus ou moins privatisée, il avait sauté sur l'occasion et s'était octroyé vingt-cinq ou vingt-neuf menuiseries, d'énormes superficies forestières et autres chantiers. Un des grands plaisirs de Roland, c'est une des rares confidences qu'il me fit, était de s'installer dans sa voiture et d'aller faire la tournée des menuiseries avec son père, comme on fait la tournée des popotes. Probablement, Robert-le-Malpropre faisait aussi le relevé des compteurs. Par ici la monnaie !.

Le Pyla, près d'Arcachon, cette énorme dune qui jouxte la forêt landaise, appartenait à mes grands-parents. Le roi d'Angleterre fut leur hôte plusieurs fois durant l'été, cela mettait toute la famille en effervescence. Ça avait au moins l'avantage d'occuper ma grand-mère, ça la réveillait et la sortait de sa rêverie vagabonde. Pendant qu'elle rêvait, le Malpropre cavalait. Il possédait des théâtres et des cinémas à Bordeaux. Les théâtres étaient son terrain de chasse favori. Bien sûr, en plus de ses frasques innombrables, il avait dans un de ses théâtres une régulière. Cette dame, actrice, au demeurant, était mariée avec le régisseur du théâtre. Je n'ai jamais su son nom.

Un jour, le 4 août 1923, dans l'après-midi, alors que Robert-le-Malpropre était assis peinardement à son bureau, le régisseur entra sans frapper et lui dit simplement : « *Tu baises ma femme.* » Il lui tira trois balles de pistolet, droit dans le buffet. La mort fut instantanée. Le régisseur ne fut même pas poursuivi. En ce temps, le crime passionnel était excusable.

De plus, l'inconduite du grand-père était tellement notoire que même les avocats de la famille se récusèrent.

Il apparut plus tard que le lascar s'était bien débrouillé. Il avait fait d'une pierre deux coups. Il devait en effet beaucoup d'argent à Robert-le-Malpropre, à la suite d'emprunts très risqués. Je suis bien certain que celui-ci lui avait imposé des taux usuraires et que le régisseur avait essayé de re-négocier sa dette. À la limite, peut-être même avait-il aidé sa femme à devenir la maîtresse du Malpropre, juste pour graisser les rouages... ça s'est déjà vu, non ? Mais j'imagine que Robert Cahen, arrogant comme à son habitude, était resté inflexible et avait signé, de son propre fait, son arrêt de mort. Comment aurait-il pu en être autrement avec cet homme ? Avec la mort du grand-père, je suppose que la dette s'éteignit ipso facto ! Finement joué.

On dit qu'il n'y a pas de bon criminel s'il n'y a pas de bonne victime! Robert Cahen, mon grand-père au caractère peu ragoûtant, l'avait bien cherché. Il semble bien exister une justice immanente !

4

ROLAND

Roland Cahen (mon père) est né en France le 15 mars 1914, à Bordeaux. Il était "psychothérapeute".

Derrière un médecin à la réputation surfaite, à l'égo surdimensionné, affichant une activité intellectuelle illimitée, se cachait un être frêle, anxieux, marqué par l'assassinat lamentable de son père.

Roland Cahen, fils de Robert-le-Malpropre, n'était pas Roland-le-Preux, loin de là. C'est sa lâcheté, la crainte de son frère et de ses manigances qui ont permis, entre autres, les détournements d'héritage et les manipulations plus ou moins secrètes entre Denise et Miguel.

C'est à petit feu que les vérités émergent, il faut du temps pour que quelques souvenirs confus et lointains s'amalgament et deviennent tout à-coup l'image limpide d'un homme malade, dont toute la vie n'aura été qu'un accoutrement, qu'une mascarade. Il m'aura fallu des années avant d'y voir clair.

Roland Cahen avait dix ans, l'âge de sa première voiture à pédale, quand son père fut assassiné. Cela le marqua à tout jamais. La preuve : il n'en parlait jamais, pas plus à moi qu'à personne, d'ailleurs. C'était sa honte, son grand secret. Il n'avait pas honte que de la seule mort de son père. Ce qui fut découvert après cet assassinat n'était pas reluisant non plus. Personne n'est vraiment très fier d'avoir eu un père assassiné par le mari de sa maîtresse. D'aucuns pourraient trouver cela divertissant, marrant, romantique ou pittoresque. Ça fait rire les copains, car de nos jours, le cas est plutôt rare. Il est vrai que ce n'est pas très glorieux, comme secret de famille. C'est une confidence qu'on se réserve pour les soirs de cuite, quand l'alcool libère les inhibitions. C'est une histoire de poivrot, une conversation de bistrot... On en entend, de ces confidences pas banales confessées au grand comptoir dans les heures tardives de la nuit... Roland avait bien compris que, derrière ce semblant de fortune, il y avait des dettes, des fausses manoeuvres, de vilaines affaires. Tout n'était pas que profit dans les affaires de Robert-le-Malpropre. Après sa mort, tous les créanciers vinrent frapper à la porte de la maison, il fallut liquider tous les avoirs, et rapidement ! Toute la famille se replia alors sur Paris...

Miguel, le frère aîné, avait hérité de tous les défauts de son père... ce fut une suprême crapule. Quant à Roland, rétrospectivement, je crois qu'il a fait un réel effort pour essayer de se débarrasser de cet héritage encombrant... Il n'y a pas toujours réussi. L'énorme différence entre Roland et Miguel, c'est que Roland fut un honnête homme : il n'a jamais essayé de gruger ou de dévaliser son prochain. Il a fait tout son possible pour garder un cap. Il ne s'est jamais laisser aller à profiter de quelque avantage financier quelconque au cours de sa vie. Cela ne l'empêchait pas de demeurer un être complexe, très difficile, bourré de contradictions, en un mot "Névrotique".

Roland... le prénom était mal trouvé. Il aurait dû s'appeler Narcisse... ou peut-être Othello. Roland-Narcisse-Othello rassemblait en une seule personne un tableau assez exceptionnel. Il s'était défini son propre code moral. Il tenait en quelques mots : *« Car tel est mon bon plaisir ! »* Comme Louis XIV ! Cette complète absence de *self-control*, cette liberté de faire tout ce qui lui plaisait, liberté qu'il s'accordait et qu'il s'octroyait sans vergogne en se donnant toutes les justifications du monde, en faisait un être à part, parfaitement insupportable. Tyrannique comme Néron, faux comme Tartuffe, cavaleur comme Don Juan et inquisiteur comme Torquemada.

Le plus irritant, c'était ce contraste entre sa propre permissivité quant à sa vie sentimentale et en ce qui nous concernait, son autoritarisme forcené qu'il nous imposait à grand coup de paires de claques. Il s'octroyait tous les droits, nous n'en avions aucun ! « Faites ce que je vous dis, pas ce que je fais », aurait pu être sa devise. Roland n'était pas courageux, mais sa vie sentimentale est empreinte d'aventures à haut risque !

Il est mort dans son lit, en 1998. Toxicomanie ou prostate ? Je ne sais. Mort dans son lit. Quelle chance ! Avec toutes les conneries qu'il a pu faire, plus d'un avait certainement eu envie de le tuer... Notre Don Juan familial est passé entre les gouttes des tueurs à gages et des jalousies meurtrières. Son non-assassinat tient principalement au changement de mœurs qui s'effectua dans les années cinquante. On y tuait moins volontiers que dans les années vingt. La jurisprudence avait évolué, et ça avait certainement sauvé la mise du beau Roland ! Je connais de nombreuses situations dans lesquelles les maris cocufiés auraient pu faire valoir leur droit de le flinguer proprement. Robert Cahen, son père, celui que j'ai appelé Le Malpropre avait été un jouisseur et un salaud de toute première bourre, Roland fut différent, moins malhonnête, mais plus inconscient et certainement plus secret. À cause de ses faiblesses, il a trahi tout le monde. Sa faiblesse majeure était sa sensibilité au jugement d'autrui. L'importance qu'il y accordait imposait sur nous, ses enfants, un tel désir de succès et de réussite que rien ne pouvait le satisfaire. Et comme il n'était pas satisfait par la réussite académique de ses enfants, il nous méprisait.

Après la mort de ma mère en 1951, Roland s'était découvert une nouvelle arme pour conquérir le coeur et les faveurs des femmes. Pensez donc ! Le cher docteur était veuf. Veuf à 38 ans, avec trois enfants, il arrachait des larmes de compassion à toutes les jolies dames…

Roland, qui en avait fait baver des vertes et des pas mûres à Jacqueline, s'était réinventé rétrospectivement un couple parfait, un de ces couples idéal *made in Hollywood*. En peu de temps, il réinventa sa propre vie avec Jacqueline, à tel point que, croyant à ses propres histoires, il s'était transformé en veuf ès qualité. Il proclamait son veuvage comme une réclame : « *Ma chère épouse que j'aimais tant qui nous a quittés, si jeune, et qui m'a laissé tout seul... et oui tout seul... avec trois jeunes enfants... Ah les pauvres !* »

Et qui allait résister à une telle douleur ? Personne. Il en profita bien.

Fort de sa nouvelle liberté, et pour pouvoir en profiter encore mieux, il se débarrassa de nous et nous envoya en pension… Merci Papa ! Durant notre absence, il mit toute son énergie au service de son besoin de séduction et là, il se prit les pieds dans le tapis, il mélangea les genres.

Je me rappelle d'une vieille gouvernante qui, avec son sens de l'humour bien bourguignon, s'en tenait les côtes tellement elle se marrait quand elle me contait les frasques de mon père dans son cabinet de consultation. Car elle l'avait percé à jour, le Tartuffe ! Elle lui avait troué un bon surnom : Monsieur l'Ambrassadeur ! Elle se foutait de sa gueule ouvertement, je la trouvais formidable. Elle s'appelait Marcelle. Elle m'avait rapporté qu'une fois, mon très cher père était resté enfermé pendant trois jours avec une nana, à baiser à bride abattue... Elle leur montait des plateaux bien garnis, qu'elle déposait devant la porte, pour les mi-temps. Elle revenait les récupérer quelques heures plus tard.

Roland s'était aménagé un terrain de chasse assez exceptionnel : son cabinet de psychanalyse... Oui, ce sagouin qui, en plus, s'arrogeait le droit de pontifier, de nous sermonner, de nous traiter, nous, ses enfants, de tous les noms, de nous frapper, de nous humilier systématiquement, et qui surtout s'arrogea le droit de nous mépriser, n'avait aucune honte à profiter des faiblesses de certaines de ses patientes... Au nom d'une thérapie peut-être ? Roland Cahen, qui avait été la victime des turpitudes de son frère aîné, qui, avait été broyé par l'assassinat de son père, était-il réellement destiné à devenir un thérapeute ? Avait-il présenté toutes les garanties du bon usage de ses nouveaux outils ? Pas sûr, pas sûr du tout !

N'y aurait-il pas eu là quelques éléments biographiques qui auraient dû faire clignoter un feu rouge ? Probablement... Mais c'était la guerre, le chaos régnait. Gustave Jung lui-même, qui lui avait délivré un certificat selon lequel il avait été son analysant pendant quelques années, n'avait aucun moyen de contrôle sur la décision de Roland à devenir analyste. Et bien qu'il devint après la guerre le traducteur officiel de C.G. Jung, celui-ci aurait peut-être préféré qu'il continua son analyse didactique pendant plus longtemps après la fin de la guerre plutôt que de rentrer en France au plus vite. Le psychanaliste devait bien avoir quelques doutes quant à l'équilibre mental de Roland Cahen. La guerre, le statut de réfugié, la maladie de Jacqueline, tout ça a dû lui faire pitié, l'amollir... Et puis enfin, Roland était vraiment bon en allemand ! C'est sûr, ça aide... Effectivement, Roland avait étudié l'allemand jusqu'à, d'après ce qu'il m'a dit, passer une agrégation de philologie... Il fit, je crois, une thèse sur Nietzsche. À partir de là, il lut Freud. Ce fut pour lui une révélation. Il décida alors qu'il allait devenir psychanalyste. Il espérait sans doute que grâce à cela, il allait résoudre tous ses problèmes avec Miguel. L'idiot ! Il se lança dans des études de médecine. À Innsbruck d'abord, en Autriche, puis à Zurich, pendant la guerre... Il les acheva à Marseille, après la guerre.

Enfin, il termina sa spécialité de psychiatrie à l'hôpital Sainte-Anne à Paris. Finalement, il s'installât psychanalyste en 1950. Cela n'aurait jamais dû être. Il était bien trop malade ! C'est évident non ? C'est comme tous ces pédérastes doublés de pédophiles qui se font curés et deviennent maîtres d'internat dans des pensionnats de garçons ! Don Juan devint thérapeute ! Le renard s'était construit sa propre volière !

Si un homme comme mon père, aux désirs tellement inassouvis, à la psyché tellement merdique (à moi, encore gamin, il me sortait déjà des tirades au sujet de l'amour qui me laissaient perplexe), peut devenir thérapeute, le système ne marche pas. Être thérapeute, c'est organiser un tête-à-tête avec un patient, souvent une femme, forcement en état d'infériorité puisqu'il ou elle vient consulter dans un cabinet clos, dans un univers clos. C'était tenter le diable que de laisser Roland dans un tel environnement.

Après le meutre prémédité et impuni de mon grand-père, la famille s'était repliée sur Paris dans un premier temps. Puis, en 1937, ils rentrèrent tous au Brésil. Tous, sauf un. Celui qui reste à Paris, celui qui se sait plus malin que les autres, qui reste en Europe à faire le cuistre, l'intelligent, le cultivé, le rat de bibliothèque, l'intellectuel, le matheux, le linguiste, le psychologue, c'est mon futur géniteur, qui cachait ses angoisses et ses trouilles derrière un écran de faux savoir. Il s'occupait à s'occuper de trop. Comme ça, il n'avait pas à affronter les vrais problèmes !

Il était licencié en Allemand, il avait habité en Autriche, il avait été aux Jeux olympiques de Berlin en 1936, il avait vu Hitler dans ses œuvres. L'immonde Adolphe était au pouvoir depuis 1933 et les lois antisémites commençaient à voir le jour en Allemagne. Ça, il pouvait et savait le lire. Je pense surtout que mon père était resté en France pour se séparer de Miguel qu'il craignait. Il le haïssait et en avait une sainte trouille. Et, de fait, Miguel avait la haute main sur mon père. Ses insultes, ses manoeuvres, son intelligence le dépassaient. Pis, Miguel lui faisait honte parce qu'il lui rappelait en permanence que Jacqueline, ma mère, avait commis, dans sa jeunesse, quelques erreurs qui n'étaient *"Pas dignes d'un Cahen"*. Mon père est resté en France, non par courage ou dignité, mais parce que c'était un pleutre. La peur d'une confrontation définitive avec son frère, s'il était rentré au Brésil, l'emporta sur la crainte du nazisme. Rester en France était, pour Roland, la meilleur des fuites !

Pour comprendre à quel point mon auguste père était spécial, pour comprendre de quel bois cet homme-là se chauffait, voici deux anecdotes qui vous éclaireront quant à sa capacité de justifier précisément l'injustifiable.

Quand sa mère, Bertha (ma grand-mère) mourut, je crois que c'était au début des années 70, durant l'été, mon frère, ma soeur et moi nous étions restés à Paris ; Roland était en vacances avec une de ses conquêtes aux îles Liparis, au large de la Sicile... Le cher homme refusa purement et simplement de se déplacer pour les obsèques de sa propre mère, arguant du pieux mensonge que cela lui ferait « trop de peine ». Résultat : ce sont mes tantes, mon frère, ma soeur et moi-même qui nous occupèrent des funérailles. Elle fut enterrée dans le caveau familial, au cimetière du Montparnasse, un jour de grève ! Il arrive que les croque-morts fassent grève, eux aussi. Et ce jour-là, manque de pot, ils l'étaient et ne voulaient pas enterrer Bertha. Finalement, moyennant un solide pourboire, deux d'entre eux nous ont aidé à mettre le cercueil dans le tombeau...

Revenons à Roland : admettons même, pour le plaisir de la discussion, qu'il eut gardé une certaine rancune à l'encontre de sa mère, il n'empêche. Il y a des choses qui se font et d'autres qui, quel que soit le prétexte, ne se font pas. En voilà un parfait exemple...

Mieux. Continuons notre descente dans l'échelle du cynisme.

Vers les dix dernières années de sa vie, Roland s'était mis en ménage avec une très charmante personne bien moins âgée que lui, mais victime d'une sévère artériosclérose. Cette dame était une de ses anciennes patientes... Ils avaient habité ensemble pendant presque dix ans. Elle s'était complètement dévouée à Roland, tenait son cabinet, faisait ses comptes... Très compliqués, les comptes du cher docteur... Alors qu'ils vivaient en ménage, elle dut subir une intervention chirurgicale sur une de ses carotides qui s'était bouchée, à l'hôpital Ambroise-Paré, à Boulogne. Elle mourut sur la table d'opération... De nouveau, Roland fit preuve de grande humanité et refusa purement et simplement d'assister aux funérailles de sa compagne d'une dizaine d'années.

Pour couronner cette majestueuse action, dix jours après la mort de cette aimable personne, que d'ailleurs mon frère, ma soeur et moi-même portions en haute estime, mon père fit entrer dans sa maison une autre de ses patientes. Celle-là sera sa dernière officielle. Elle restera avec lui jusqu'à sa mort.

5

JACQUELINE

Jacqueline, ma mère fut une femme formidable, elle aurait été parfaitement heureuse si elle n'avait pas rencontré ces funestes *Cahen Boys*, j'ai nommé Miguel et Roland, deux malades mentaux en vacances sur la Côte d'Azur, deux déséquilibrés en villégiature… Mais parfois, le hasard nous joue de biens mauvais tours et ma mère devint victime de son propre destin. Si, par miracle, elle ne s'était pas faite draguer par ce salopard de Miguel, sa vie aurait été bien différente : douce, tranquille, entourée de gens aimables, courtois, sains… Normaux, quoi ! Elle n'aurait pas forcément vécu plus longtemps, mais elle n'aurait pas eu à subir la folie mégalomaniaque de Roland ; sa vie n'aurait pas été ce long calvaire.

Comment se fait-il qu'elle n'ait jamais deviné dans Miguel la parfaite crapule qu'il était déjà ? Comment se fait-il qu'elle n'ait jamais vu sourdre dans Roland sa faiblesse, son narcissisme, son sado-masochisme à fleur de peau ? Comment a-t-elle pu manquer de jugement à ce point ? Car elle aurait pu le deviner, le suspecter… Mais non, rien : elle n'y a vu que du feu ! D'abord, elle succomba au baratin de Miguel, puis à celui de Roland......... Ha ! Les verbeux !

Ma sœur a retrouvé des lettres que Jacqueline avait écrite à sa mère, bien après leur mariage, durant la guerre. Elle y exprimait son désarroi, son découragement et sa peur face à la violence de mon père. Ainsi, dans une lettre qu'elle avait écrite à Roland, après une tentative de séparation, elle l'accuse directement d'être un *« être violent »* dont elle avait peur. Étant donné le nombre de baffes que nous avons reçu, mon frère, ma soeur et moi, on peut dire que notre Auguste détient la première place au palmarès de la violence domestique. Voilà qui crédite bien les dires de ma mère.

Jacqueline Salabelle est née à Hanoi, le 27 juin 1907, du temps de l'Indochine française, dans ce territoire du nord qui s'appelait alors le

Tonkin. Les archives coloniales établiront sa naissance de la manière suivante :

" Jacqueline Andrée, fille de Salabelle, Joseph-Auguste, inspecteur des bâtiment civils et de Cabanes-Dupac, Léonie Adrienne, son épouse".

Ma mère était la cadette, juste derrière Paule, sa sœur, et Stéphane, l'aîné et seul garçon. Tous étaient nés en Indochine. Ma grand-mère, Léonie-Adrienne Cabanes-Dupac, était issue d'une petite noblesse pyrénnéo-espagnole et avait deux sœurs : l'aînée, tante Jeanne, vivait en Ariège, toute seule dans une ferme, à Castillon-en-Couserans. La ferme existe toujours, elle s'appelle *Le Col d'Aouetch,* c'est juste au-dessus de Castillon. Quand j'étais petit, je descendais au village chercher le pain. Il y avait un grand champs que traversait Le Raccourci. Dans ce champs, il y avait aussi un énorme taureau qui me foutait une sainte frousse. Tante Jeanne adorait les enfants, elle n'en avait jamais eu. Nous l'adorions aussi.

La cadette des Cabanes-Dupac s'appelait Paule aussi, elle habitait Tarbes dans les Pyrénées, avait épousé un militaire de carrière et détestait les enfants. Ça tombait bien : nous détestions grand-tante Paule. Il ne faut pas confondre cette grand-tante Paule, soeur de Léonie-Adrienne, ma grand-mère, avec ma vraie tante Paule, la soeur de ma mère.

Je ne dirai jamais assez de bien de ma grand-mère maternelle :elle était ce qu'on appelle communément une femme « bien ». Léonie-Adrienne Cabane-Dupac était une femme sensible, intelligente, d'un courage exceptionnel qui, pendant que nos Brésiliens exotiques se gobergeaient et se la coulaient douce à Rio pendant la guerre, faisait, elle, tout son possible pour nous venir en aide alors que nous étions réfugiés en Suisse. Elle avait connu les colonies et avait gardé une incroyable nostalgie de l'Indochine. Sa maison à Antibes était remplie de meubles vietnamiens et de pièces orientales.

Je n'ai pas connu mon grand-père, Joseph-Auguste Salabelle. Il eut la mauvaise idée de mourir en mer, durant son rapatriement en France, d'une maladie que les médecins indochinois ne pouvaient pas soigner. On ne m'a jamais donné de diagnostic précis, mais je pense qu'il s'agissait d'un accès pernicieux de paludisme à *Plasmodium Falciparum.* À l'époque, on appelait cela la bilieuse hémoglobinurique. Le foie et les reins cessent de fonctionner en même temps et tous ceux qui avaient atteint ce stade mouraient. Forcément, le rein artificiel n'existait pas.

La famille Salabelle se réfugia à Antibes, ville où mon grand-père Joseph-Auguste avait ses attaches. Léonie-Adrienne ouvrit une petite agence immobilière, boulevard Wilson. Grâce aux maigres revenus de cette agence, elle fut en mesure d'assurer la subsistance de ses enfants.

Le grand-père Salabelle, comme je l'ai toujours entendu appeler, était un des administrateurs civils responsables des bâtiments en Indochine française. Il faut comprendre que l'Indochine française était un territoire immense qui comprenait ce qui constitue maintenant le Vietnam dans son ensemble, le Laos et le Cambodge. Le Vietnam proprement dit était divisé en trois colonies : la Cochinchine dans le sud, l'Annam au centre, le Tonkin au nord.

À l'intérieur même de cette immense colonie, les fonctionnaires étaient transférés d'un territoire à un autre sans aucun problème. Ainsi, peu de temps après la naissance de ma mère à Hanoi, mon grand-père fut nommé inspecteur général des bâtiments pour tout le Cambodge. Ils déménagèrent donc d'Hanoi à Pnom-Penh. Et là, tout le monde y tomba malade. La grand-mère Léonie-Adrienne attrapa le palu ; leurs deux filles, Jacqueline et Paule, contractèrent la tuberculose. Tout le monde, sauf Stéphane qui avait été envoyé dans un internat en France. Internat qui, bien que tenu par des Jésuites, n'avait pas pour qualités premières la rigueur, l'éducation et la discipline. En effet, à défaut d'être tombé malade, Stéphane profita de sa nouvelle indépendance pour parfaire sa culture au sirop de la rue plutôt que dans les classes d'études de l'internat.

À Pnom-Penh, ville demeurée très exotique entourée d'une jungle encore quasi-primordiale, la famille Salabelle avait été installée par l'administration coloniale dans une de ces immenses bâtisses entourée d'un parc. Ma mère et ma grand-mère m'avaient raconté des histoires absolument délirantes à propos de leur vie au Cambodge. Je les écoutais des heures durant. Elles stimulaient mon imagination. Un jour, ma grand-mère avait pris un tilbury attelé, seule, pour aller rejoindre son mari qui effectuait des relevés topographiques près des temples d'Angkor-Vat. En rentrant, alors que son cheval trottait allègrement sur la piste, il s'emballa brutalement, apparemment sous l'emprise d'une peur incontrôlable. Un tigre les poursuivait. Je ne me souviens plus bien de la façon dont cette aventure se termina, mais ma grand-mère était toujours là pour me la raconter.

Pnom-Penh n'était alors qu'une grosse bourgade, peu urbanisée. Les serpents y grouillaient. Pour s'en protéger, on gardait dans les maisons une ou deux mangoustes, ennemis jurés de la gente serpentine. Ma mère me raconta qu'un jour, elle avait entendu du bruit dans une des salles de bains : une mangouste était en train de se colleter avec un python dans la baignoire. Et c'est la mangouste qui gagna ! Cette victoire me faisait frémir de plaisir... Imaginer cette petite mangouste vaincre ce gros serpent, c'était encore mieux que David contre Goliath. Mon histoire préférée était celle de la panthère noire. Quand nous étions enfants, mon frère, ma sœur et moi la suppliions souvent de nous la raconter. En guise de chien de garde, la famille Salabelle s'était offert les services d'une panthère noire. Elle était à moitié domestiquée, attachée à une longue chaîne près de l'entrée principale de la maison. Elle était bien nourrie, ce qui la rendait parfaitement placide. Elle passait son temps allongée sur les marches du perron, et se déplaçait lentement pour ouvrir le passage à ceux qui avaient le courage d'affronter ce cerbère... Moi, quand j'entendais ça, je n'en pouvais plus. Je n'avais plus qu'une seule idée : je voulais vivre au Cambodge, je voulais des mangoustes, je voulais ma panthère noire !

Ma tante et ma mère s'étaient lancées dans l'élevage des pigeons. C'est d'ailleurs comme ça qu'elles attrapèrent une tuberculose aviaire, transmise par les pigeons. Cette maladie à développement relativement lent, tout au moins au début, était impossible à diagnostiquer en ces temps et en ces lieux. Tante Paule développa une tuberculose pulmonaire ; quant à ma mère, elle développa une tuberculose rénale d'abord, puis pulmonaire. Elles en mourront toutes les deux.

Au moment de la déclaration de ce qui allait devenir la Première Guerre mondiale, en 1914, mon grand-père maternel se fit avoir dans les grandes largeurs. Un banquier au curriculum incertain vint offrir ses services. Il allait mettre en sécurité tous les biens du grand-père en Argentine, *« pour la courte durée de ces événements bien fâcheux. »* Grand-père lui signa une procuration générale sur tous ses biens en France... La bonne blague ! On n'a jamais revu ce funeste banquier... Sa disparition n'a pas dû arranger la santé du pauvre homme. Quelle catastrophe ! La famille Salabelle ne s'en remit jamais.

C'est vers 1922 que toute la famille Salabelle se rapatria vers la France. Il y avait urgence sanitaire ; à cause de la guerre, on avait attendu trop longtemps. Il était d'ailleurs trop tard et c'est au cours de ce voyage que le grand-père mourut, en pleine mer, à bord d'un vapeur des *Chargeurs Réunis,* quelque part dans l'océan Indien, avant l'escale de Port-Saïd. Il était originaire d'Antibes et c'est là que sa famille revint.

Ma tante Paule se maria alors avec le Pope de l'Église orthodoxe de Cannes : Volik Ostromof. Ils eurent un enfant, Paul Ostromof. Je l'ai rencontré quand j'étais gamin. Je devais avoir treize ou quatorze ans, c'était dans les années 50. Je l'aimais bien, c'était un bon géant. Il avait ouvert un petit atelier de réparation de radio à Cannes. Puis il s'attaqua à la réparation des téléviseurs et s'agrandit. Aujourd'hui, il tient une énorme boîte qui tient du supermarché de l'électronique ! Après la mort de ma mère, il devint notre « *Subroge tuteur* » : j'ai cru comprendre que s'il arrivait quelque chose à mon père, alors il deviendrait notre tuteur. J'aurais bien aimé... C'était vraiment un chic type. Après la naissance de son fils, ma tante Paule n'avait plus beaucoup de temps à vivre. Elle mourut avant la Seconde Guerre mondiale. Ma mère survivra à une néphrectomie qu'on lui fit dans les années trente. Il ne lui restait plus qu'un rein. Elle avait échappée à la tuberculose, mais elle allait mourir d'insuffisance rénale, à quarante-quatre ans, en France, le 8 août 1951, devant ma sœur et moi, vers une heure de l'après-midi. Pour nous, quelques instants, le monde s'était arrêté de tourner... et, depuis, sa rotation est restée quelque peu bancale. Vivre la mort d'un individu quelconque est toujours une expérience tragique qui prend le cœur ; vivre la mort de sa propre mère, c'est probablement l'horreur ultime.

Entre-temps, comme elle aimait la vie, elle s'en donna à cœur joie et c'est là que ses peines vont commencer car, pour son malheur, elle va rencontrer la famille Cahen qui n'a rien trouvé de mieux que d'aller passer ses vacances à Antibes. Ce jour-là, elle aurait mieux fait de se casser une jambe… Pourtant, ce n'est pas elle qui rencontrera la famille Cahen en premier. C'est Denise Cahen, la sœur aînée de mon père, qui fit d'abord la connaissance de Stéphane Salabelle, frère aîné de ma mere, sorti de son pensionnat pour les vacances. C'est devenu un voyou ! Un vrai de vrai, un authentique voyou. Il avait ouvert des bars louches sur la Côte d'Azur, après la guerre ; dans l'arrière salle de ses bistrots, les matelots américains pouvaient se changer, mettre des habits civils et Stéphane allait leur arranger un rendez-vous avec quelque putain du coin. Stéphane Salabelle était un maquereau doublé d'un gigolo (l'un n'allant pas sans l'autre). Je crois même qu'il a essayé de faire une passe sur ses sœurs mais aussi de les mettre sur le trottoir !

Il rencontrât Denise Cahen alors qu'elle passait ses vacances à Juan-les-Pins, dans les années trente. Quand il vit Denise, il fondit sur elle comme un vautour sur un lapin, bien qu'elle fut loin d'être attirante... Elle était en fait assez vilaine, avec des traits épais, une stature râblée, et dotée d'une voix au timbre désagréable... Le tout agrémenté d'un gros nez à la Louis XVI. Mais pour Stéphane, il n'y a qu'une seule chose qui compte : le fric, l'artiche, le pognon, le blé... L'argent, voilà la vraie beauté d'une femme !

Et Stéphane avait du flair. Il avait échoué dans tout ce qu'il avait entrepris. Même dans ses études secondaires, il n'avait pas réussi à obtenir son brevet élémentaire. Quant au bachot, il ne l'a jamais passé. En Indochine, à cette époque, l'Éducation Nationale n'avait guère d'influence. C'est peu de temps après sa sortie de l'internat qu'il avait commencé à jouer les gigolos. Il m'avait raconté, car il en était très fier, qu'il avait conquis et obtenu les faveurs exquises de la maîtresse d'André Citroën. C'était sa gloire. Le bâton de maréchal d'une carrière de gigolo bien remplie.

Il travaillât un temps pour la maison Ricard. Il démarchait le pastis auprès des détaillants et parcourait le sud de la France. Ce métier lui convenait comme un gant : il avait bu toute sa vie. À la fin de son existence, il était devenu alcoolique invétéré. À Castillon-en-Couserans, où il avait finalement échoué sur la fin de ses jours après nous avoir astucieusement subtilisé la ferme du Col d'Aouetch, les gamins du coin l'avaient surnommé Monsieur le vicomte du Col D'Aouetch. Là, il se prenait des cuites mémorables au Ricard qui lui valurent jusqu'à sa mort le respect de ses concitoyens... et la reconnaissance infinie du cabaretier. Car Stéphane et quelques compères organisaient secrètement des concours à qui s'en prendrait le plus. Je me suis laissé dire qu'il détient encore le record absolu du nombre de mominettes ingurgitées en une journée dans le village de Castillon-en-Couserans : soixante-quatorze. Bien sûr, c'est son alcoolisme qui le tua. Dans les années soixante, durant mon service militaire, j'ai passé deux fois dix jour au col D'Aouetch ; ce n'était pas des vacances vraiment intellectuelles. Il me faisait marrer avec toutes ses histoires de fesses et de gaudrioles bien salées.

Toutefois, la ferme, qui aurait dû nous revenir par filiation, nous est bel et bien passé sous le nez. J'ai appris par la suite que le notaire de St. Girons qui s'occupait des affaires de la famille Salabelle a terminé sa carrière au placard. Il avait probablement dû calligraphier d'autres testaments apocryphes.

Pendant la guerre, Stéphane devait être plus ou moins collabo. Il ne m'a jamais caché ses sentiments profondément antisémites. Ça n'a pas empêché ce salaud d'épouser Denise Cahen qui était israélite. Et ça, il le savait bien. En 1934, Stéphane et Denise divorcèrent. L'argent se faisait rare après la mort du vieux Léon. Stéphane n'avait donc plus aucune raison de rester marié avec la vilaine Denise. Néanmoins, pendant la guerre, Denise utilisa le nom de Salabelle pour échapper aux Allemands. Elle s'était réfugiée à Marseille. Stéphane lui en a tellement voulu qu'après la mort de Jacqueline en 1951, il intenta un procès à mon père pour nous interdire de nous faire appeler Cahen-Salabelle. Il gagna. Sa rancune à l'égard de la famille Cahen tient aussi au fait qu'à la mort de Jacqueline, Roland avait « oublié » d'associer Stéphane aux faire-parts de deuil. Il en fut profondément fâché. Quoi qu'il en soit, de Cahen-Salabelle, mon frère, ma sœur et moi, redevenions tout simplement Cahen. Salabelle, ça chantait, ça sentait bon la Provence…

Mon oncle et ma tante divorcèrent alors que Roland et Jacqueline avait brûlé les étapes : elle était enceinte et les deux familles s'étripaient le plus consciencieusement du monde. Tout le monde s'insultait. Miguel était fou de rage que mon père lui ait volé sa maîtresse et colportait les ragots les plus infâmants au sujet de Jacqueline et, bien sûr, de toute la famille Salabelle. Jean Pierre, mon frère aîné, allait naître le 19 juillet 1934, à la Tronche, près de Grenoble, alors que Roland faisait son service militaire dans les chasseurs alpins.

*

**

Dolce Vita en Indochine !

Les fils et filles de fonctionnaires vivaient comme des princes et princesses. La population locale étaient chargée de tout ! Nul besoin de jamais travailler, l'administration coloniale française s'était concocté un style de vie unique au monde. En échange d'un travail énorme et de réalisations vraiment exceptionnelles, nos coloniaux s'étaient imprégnés d'un sentiment de supériorité qui confinait à l'arrogance. Paradoxe de la colonisation : pendant que ma main droite faisait des trucs extraordinaires, ma main gauche faisait suer le burnous des Indigènes. Ceci fut particulièrement aigu en Indochine française plus que partout ailleurs car l'Asie, par son système plus ou moins seigneurial et totalement archaïque, possédait, bien avant la colonisation française, une forme de stratification sociale qui ouvrait déjà la porte à tous les abus. Il y existait deux classes de citoyens : les possédants et ceux qu'on appelait les *coolies*. Ceux-là constituaient la grande majorité de la main-d'oeuvre utilisée par les coloniaux. Ils furent abusés, harassés, transformés en esclaves. Les Romains étaient intellectuellement plus honnêtes que les coloniaux : ils appelaient leurs esclaves par leur nom. Nous appelions nos esclaves des *coolies*... Mais il s'agissait bien de la même chose.

En même temps qu'ils construisaient un Empire, par leur arrogance et leurs abus sur une population indigène déjà harcelée par ses propres élites, les colons français se préparaient une sanglante révolution ! Quel dommage que les gouvernants locaux n'aient pas compris que le progrès technique, s'il n'est pas accompagné d'un progrès, ou tout au moins d'un projet social, mène droit à la révolte d'abord, puis à l'insurrection armée.

Cependant, à la différence de bien des puissances coloniales, la France n'avait pas uniquement exploité la main d'oeuvre indochinoise afin d'exporter vers la métropole des produits de base à bon marché. Le travail et les investissements de la France en Asie du Sud-est furent gigantesques et les réalisations phénoménales. L'effort de modernisation de l'Indochine continua sans répit, même durant la guerre d'Indochine. La France n'était pas là seulement pour piller et dévaster ce pays. Au contraire, elle avait véritablement pris fait et cause pour l'intérêt de cette nation et de ses habitants. Mais ils n'avaient pas su le faire savoir. La communication, c'est important, on vous dit ! On ignore que, dès le début du XXème siècle, l'électrification du Vietnam s'est effectuée au même rythme que celle des provinces les plus reculées de l'Hexagone.

La construction des ports, l'aménagement des villes, l'établissement d'un système scolaire avec écoles, collèges, lycées, l'assèchement des marais de la Cochinchine, la construction d'un réseau de chemin de fer, d'un réseau routier moderne, la construction d'hôpitaux, etc. Tout cela fut implanté en un siècle d'occupation. L'Indochine française, ce n'était pas que l'occupation et l'exploitation d'un territoire par des colons, c'était aussi une véritable assimilation, voire une symbiose, entre les populations locales et les coloniaux. Si seulement on avait pu appliquer à temps en Indochine française les progrès sociaux que le Front populaire avait imposé en France métropolitaine, peut-être qu'aujourd'hui les Vietnamiens continueraient à parler français.

L'effort de ces bâtisseurs d'empires n'aura pas été inutile : on trouve encore partout les vestiges de leurs réalisations. Aujourd'hui encore, le réseau routier vietnamien demeure fidèlement calqué sur les dessins et tracés des ingénieurs des Ponts et Chaussées. Les bornes kilométriques rouges et blanches des routes nationales vietnamiennes sont absolument identiques aux bornes que l'on trouve en France.

La première fois que je me suis rendu à Saigon, en 1975, j'ai eu l'impression de me retrouver dans une préfecture du sud de la France. À Hanoi, en 2002, le tracé des grandes artères de la ville rappellent sans aucun doute les grandes percées du baron Haussmann. Indéniablement, l'ancienne administration coloniale française continue à transparaître au Vietnam.

La guerre d'Indochine fut le résultat d'un énorme malentendu, qu'on aurait peut-être pu éviter, de part et d'autre. L'administration coloniale, avant la guerre, était restée, par la force des choses, plus ou moins éloignée des événements qui se déroulaient en Europe. Les répressions des quelques révoltes sporadiques, instiguées par Ho Chi Minh ou d'autres groupes nationalistes, furent terribles ! Ces féroces répressions laissèrent un souvenir indélébile dans l'esprit des Vietnamiens et décidèrent du destin de l'Indochine.

La défaite française face aux forces allemandes, en 1940, allait précipiter les événements : l'administration coloniale française en Indochine était, durant la Seconde Guerre mondiale, issue du gouvernement de Vichy, donc pétainiste. La suite des relations françaises avec Ho Chi Minh découlèrent de cet état de fait. La Guerre de Libération, déclenchée après la défaite nipponne en 1945, était une guerre nationaliste, interprétée comme un simple soulèvement communiste, ce qui amènera la France à faire appel à l'aide américaine. 85% du financement de la guerre d'Indochine fut financée par les Américains. Les équipements, les tanks, les avions, les armes, les munitions et même les uniformes de l'armée française provenaient directement des surplus américains. Toutefois, cette alliance, bien que naturelle étant donné les circonstances de la Guerre froide, parut un peu paradoxale, voire incompréhensible, pour Ho Chi Minh

Lors de l'invasion de l'Indochine française par les troupes nippones, en 1940, les choses s'étaient passées assez courtoisement, si l'on peut dire, entre les autorités françaises et les militaires japonais. Le gouvernement de Vichy s'était rallié aux puissances de l'Axe (Allemagne, Italie, Japon). Ainsi, en Indochine, l'administration française fit bon ménage avec les Japonais, tout au moins au début. Tout ce que voulait les Japonais, en gros, c'était le latex. Ce que les Michelin et autre planteurs se sont empressés de fournir à nos Alliés du moment. Dès le début de l'occupation japonaise en 1940, Ho Chi Minh avait lancé au Tonkin un mouvement nationaliste insurrectionnel important car il avait réussi à unifier, par la force s'il le fallait, un grand nombre des groupuscules nationalistes. Son mouvement insurrectionnel s'attaquait à l'occupation française aussi bien que japonaise.

C'est vers 1944 que les choses ont commencé à tourner au vinaigre entre les Français et les Japonais, notamment après le débarquement de Normandie. L'administration française commença à changer son fusil d'épaule. Certains sentirent que le vent tournait, d'autres, plus authentiques, eurent un vrai sentiment patriotique. Un mouvement de résistance ouverte contre les Japonais se fit jour au sein de l'administration française.Les Japonais commirent alors quelques exactions sur les populations civile, en droite ligne avec leur philosophie guerrière. Les colons d'alors s'en souviennent encore... Finalement, ce sont les troupes anglaises, venues d'Indonésie et de Birmanie, qui ont libéré Saigon de l'occupant nippon... Les Pétainistes qui, durant toute la guerre, ne s'étaient pas privés d'insulter Churchill autant qu'ils le pouvaient ont été sauvés des exactions japonaises par les soldats anglais... Ironique retour des choses.

Bons princes, les Anglais ont immédiatement rétrocédés ses territoires à la France.

Toujours est-il qu'entre-temps, Ho Chi Minh avait dû activement lutter contre deux occupants, temporairement alliés : les Français et les Japonais. Mais, par un de ces détours incroyables dont l'histoire a le secret, le scénario devint plus complexe, Ho Chi Minh s'était allié aux agents américains de l'OSS, qui le tenait d'ailleurs en très haute considération. Donc, en 1945, après la reddition japonaise et après la reprise en main de l'Indochine par la France, cette même OSS, qui préfigurait déjà la CIA, est prête à aider Ho Chi Minh dans sa lutte pour la libération qu'il avait initiée en 1940. Les pourparlers étaient déjà pas mal avancés en 1945 : Ho Chi Minh était déjà rentré en vainqueur à Hanoi et avait décrété la création d'un État vietnamien libre au Tonkin : le Vietminh.

Cependant, Harry Truman, devenu Président des États-Unis après la mort de Roosevelt avait déjà assez de problèmes avec Staline et sa prise en main de l'Europe de l'Est. Truman était un pragmatique qui ne cherchait pas midi à quatorze heure. Déjà, il craignait l'établissement en

Indochine d'un gouvernement communiste. Il donna simplement l'ordre à l'OSS de laisser tomber l'oncle Ho et, au contraire, d'aider la France à reprendre l'Indochine en main. Cependant, en échange de cette faveur, il insista auprès du général De Gaulle pour qu'une vraie négociation s'instaure entre la France et Ho Chi Minh. De Gaulle, lui-même, n'était pas fondamentalement opposé à l'idée d'une semi-autonomie de l'Indochine française, dans le cadre de l'Union française.

Mais l'administration pétainiste en place en Indochine, que l'on n'avait pas eu le temps ou pas eu la volonté de changer, refusait absolument cette solution. Sous la direction de l'amiral Thierry d'Argenlieu, alors haut commissaire de l'Indochine française, les affaires allaient reprendre de plus belle... Comme avant la guerre, comme si rien ne s'était passé. On allait bien leur botter le cul à tous ces *coolies* ! Et vive la France de Pétain ! À bas De Gaulle ! Et foutez-moi tous ces gaziers-là au trou ! L'incurie totale de l'administration française en Indochine, son incapacité absolue à changer le style de ses relations avec Ho Chi Minh allait dicter la suite des événements. Cependant De Gaulle avait de la suite dans les idées et n'allait pas lâcher prise. Accompagné par un corps expéditionnaire de 50 000 hommes, il délégua le général Leclerc de Hautecloque, le seul général français qui valait véritablement ses étoiles, pour une mission toute particulière en Indochine. Il devait aller directement, en position de force grâce à son corps expéditionnaire, négocier les termes d'une paix définitive avec Ho Chi Minh. Ni plus, ni moins. C'était dans ses cordes. Mais voilà : l'avion de Leclerc, un bimoteur Simoun, peut-être un peu défaillant et probablement saboté, s'écrasa dans le désert arabique, après une escale de ravitaillement au Caire. Un peu d'essence trafiquée et voilà le travail !

La suite des événements est relativement simple : De Gaulle est battu aux élections, le gouvernement de la IVe république reste totalement incapable d'imposer ses vues en Indochine, les Pétainistes restent plus ou moins en place en Indochine. Et, dès lors, l'histoire s'accélère.

En 1946-1947, près de 30% de la France avait voté communiste ; cette gauche ouvrière allait définitivement couper les ailes du gouvernement français. Entre les actes de sabotages – les grenades qui, plutôt que d'être chargées d'explosifs, étaient remplies de petits drapeaux tricolores, « dons des ouvrières françaises » travaillant dans les usines d'armement –, les manifestations contre la guerre, orchestrées par les syndicats français, mais aussi par le Komintern qui relayait les ordres de Moscou, le gouvernement français restait complètement paralysé.

De plus, le gouvernement ne pouvait envoyer en Indochine qu'un contingent limité d'engagés volontaires ou de légionnaires. Soit environ 50 000 combattants. À cause de l'impuissance de Paris à faire valoir ses vues modérées et à cause de l'intransigeance brutale du gouverneur générale de l'Indochine française les choses allaient vite se dégrader : pas de négociations avec Ho Chi Minh. À la place, on mit en place un empereur d'opérette, Bao Dai, pour faire croire aux populations locales qu'elles se gouvernaient et on déclara une guerre totale au Vietminh.

On avait simplement oublié que le Vietminh avait déjà obtenu une aide matérielle importante de l'Union soviétique, par l'intermédiaire du Komintern et que la Chine avait près de 2 000 kilomètres de frontières communes avec le nord Tonkin et le Laos. Ainsi, la Chine devint un sanctuaire et une formidable base d'attaque pour le Vietminh. De ce fait, le choix par le haut commandement français de la cuvette de Dien Bien Phu pour y établir une base aéro-terrestre, aux confins du nord-Tonkin s'explique.

Cette guerre d'Indochine, qui avait commencé comme une guérilla classique – harcèlements, actions limitées en nombre, en durée et en intensité –, allait vite se transformer en une véritable guerre avec utilisation d'armement lourd, canonnades, bombardements aériens, grandes manoeuvres et parachutages d'unités entières.

D'aucun soutiennent que cette guerre, qui allait culminer avec le siège et la défaite française à Dien Bien Phu, aurait été inutilement entretenue à cause du trafic des Piastres. Un trafic hautement lucratif, qui aurait enrichi tout le haut commandement de l'armée en Indochine... Mais bien que l'on ait le droit d'être cynique et bien que l'on soit dans le droit de douter de tout, ces petits profits financiers n'expliquent rien. Ils ne sont qu'un petit parement à une catastrophe monumentale... Ils n'ajoutent qu'un peu de piment à la légende indochinoise.

Ce n'est qu'une piètre consolation pour les pauvres gars tombés à Dien Bien Phu. Peut-être qu'après tout, ils reposent plus sereinement, maintenant que ce fameux siège qui s'est terminé en une furieuse bataille est enseigné, analysé, critiqué dans toutes les académies militaires. Car il est bien admis que Dien Bien Phu rejoint la liste des grandes batailles du XXème siècle, au même titre que le siège de Stalingrad par exemple. L'héroïsme des combattants des deux côtés de cette bataille fut exceptionnel. La violence et l'apreté des combats dépassa tout ce qui avait été vu jusqu'alors. La bataille de Dien bien Phu est en effet une illustration de ce qu'il convient de faire et surtout de ce qu'il ne faut pas faire. Ce qu'il convenait de faire, c'est un professeur d'histoire éduqué militairement en Chine mais fervent de Napoléon (le vrai) et devenu général en chef des troupes Vietminhs, qui nous le montra. En effet, le général Giap sut organiser un siège de longue durée, avec une logistique et un planning impeccable. Il fut de surcroît bien aidé par les communistes chinois et soviétiques. Par ailleurs, dans les années trente, son épouse, institutrice au Tonkin, avait été faite prisonnière par les troupes coloniales françaises et exécutée alors qu'elle était emprisonnée à Hanoi. Il était motivé !

Ce qu'il ne faut pas faire nous fut enseigné par l'État-Major français, et aussi par nos politiciens mous de la IVᵉ République... Joseph Laniel était alors Premier Ministre. Un dégourdi de troisième zone, une enflure de quatrième catégorie, un incapable notoire dont l'élection, à l'énième tour de scrutin, était due uniquement à sa fadeur. On le savait tellement incapable que tout le monde s'était enfin mis d'accord sur un nom ! Le plus petit dénominateur commun, en quelque sorte... Ceci rappelle l'élection du Président René Coty, qui fut du même tonneau... Élu au onzième ou au vingt-deuxième tour de scrutin, uniquement grâce à l'abandon des ténors... Personne n'avait été capable de se mettre d'accord. Avec des dirigeants de ce gabarit, la France ne risquait pas de gagner cette guerre.

Merci aussi, Messieurs les généraux Navarre, Cogny et autres galonnés aux airs supérieurs et à l'arrogance suprême, qui n'hésitèrent pas une seconde à envoyer au casse-pipe nos plus valeureuses troupes, alors qu'ils savaient d'avance qu'ils n'avaient pas la logistique nécessaire pour conclure victorieusement une telle aventure...

Dès le départ pourtant, les planificateurs avaient sonné l'alarme plusieurs fois. Personne ne prit la peine de prendre sérieusement en compte leurs analyses, leurs calculs et leur projections qui, dès le début de l'opération montrèrent que les tonnages nécessaires au ravitaillement de cette énorme base dépasseraient rapidement nos possibilités aériennes. Personne n'écouta les avertissements des services de renseignements qui avaient estimé, avec une remarquable précision, les effectifs que l'ennemi pouvait nous opposer. Et s'ensuivit une défaite plus que cuisante, aussi bien pour la France que pour les États-Unis d'ailleurs.

Qui plus est : alors que les forces françaises en Indochine étaient déjà trop étendues par manque d'effectif et de personnel et que les réserves étaient très limitées, le général Navarre, commandant en chef en Indochine, ne trouva rien de mieux que d'engager l'opération Atalante dans le sud de l'Indochine. Il démarra cette opération alors même que le siège de Dien Bien Phu s'amorçait et que les signes précurseurs d'une immense bataille apparaissaient. Déjà, les services de renseignement lui avaient appris que le Vietminh rassemblait une énorme armée autour de cette cuvette située aux confins du nord Tonkin et du Laos.

Cette cuvette, si loin d'Hanoi, ne pouvait être ravitaillée et réapprovisionnée en munitions que par voie aérienne. Plutôt que de concentrer tout l'effort logistique sur cette opération, qui s'appelait alors encore opération Castor, du nom des étoiles Castor et Pollux, il engagea au Sud cette opération qui n'eut aucun résultat positif mais qui détourna de leur tache principale environ 10 000 hommes, en plus de leur équipement et de leur logistique. Tout ceci aurait pu être assigné au théâtre d'opération du Nord, comme l'avait demandé le général Cogny.

À peine l'étau communiste s'était-il refermé sur Dien Bien Phu qu'il était déjà trop tard ! Cette immense garnison était vouée à l'encerclement total.

La rivalité, voire la haine, que se vouaient Cogny et Navarre a encore aggravé la situation. C'est à croire qu'ils se souhaitaient un échec mutuel à Dien Bien Phu, comme pour se prouver l'un à l'autre que leur plan ne pouvait pas réussir. Car, au début, quand les Spahis du colonel de Castres faisaient la parade et montaient une garde d'honneur pour les invités de tous bords qui venaient admirer ces fortifications de pacotilles, improvisées et établies sans réel plan directeur, tout semblait aller pour le mieux dans le meilleur des mondes et chacun se gaussait et se félicitait de la paternité d'un plan considéré comme très audacieux... Tout cela n'était que du vent...

Ces visites multiples durant lesquelles tout le monde se congratulait d'une telle opération, donnait au colonel de Castres l'occasion de montrer tout son savoir-faire de militaire d'opérette !

Le colonel Christian-Marie Ferdinand de la Croix de Castres était un excellent joueur de bridge, doublé d'un brillant cavalier. Il était à l'époque détenteur du record du monde du saut en longueur à cheval : 7 m 30. Il avait été l'aide de camp du maréchal Delattre de Tassigny et avait vu des combats durant le débarquement en Provence. Il parlait un anglais impeccable, fumait des cigarettes anglaises et posait pour les photographes avec une admirable complaisance. Un parfait homme du monde, un snob se targuant de ses titres de noblesses, un piètre commandant qu'on nomma général de brigade, lorsque la chute de Dien Bien Phu devint inévitable, peut-être pour lui donner du courage. Ou l'obliger à se suicider avant d'être fait prisonnier… Un peu comme Hitler avait nomme maréchal du Reich le général Von Paulus à Stalingrad. Lui non plus ne s'est pas suicidé... N'est pas Japonais qui veut !

Le premier coup de canon fut un coup au but par l'artillerie ennemie. Le colonel Gaucher, commandant le point fort Béatrice l, fut tué net alors qu'il était dans son abri, soi disant construit pour précisément résister à ce genre d'attaque... Et ceci n'était que le prélude à l'attaque principale.

Lorsque l'assaut Vietminh commença, il y eut, à l'intérieur même du camp de Dien Bien Phu, à l'échelle des officiers supérieurs, comme une mini-mutinerie. Tout se passa en douceur, la presse de l'époque n'en parla pas, le secret fut bien gardé. De vrais soldats prirent les choses en mains : le lieutenant colonel Langlais, le commandant Bigeard et quelques autres officiers parachutistes prirent le commandement de cette garnison et c'est principalement grâce à ces officiers que la garnison de Dien Bien Phu résista si valeureusement.

Ils installèrent le colonel de Castres dans un bureau souterrain d'où il ne sortit plus. Il était juste là pour signer les messages écrits par ces vrais combattants. Deux officiers parachutistes qui ont sauvé brillamment l'honneur de la France, pas moins. Un autre officier, le commandant Piroth connut une fin honorable : il se suicida lorsqu'il réalisa que ses rodomontades au sujet de sa puissance de feu et l'efficacité de ses tirs n'étaient que du bluff pur et simple. Il avait complètement mésestimé la valeur de l'artillerie Vietminh. Il avait basé ses calculs sur des présomptions complètement fausses.

Quand il réalisa que ses contrebatteries et ses autres obusiers étaient incapables d'étouffer le feu des artilleurs Vietminh, qui s'étaient installés sur la contre-pente des collines entourant Dien Bien Phu, bien masqué des observateurs par une jungle épaisse, il réalisa son erreur. Il avait promis à l'État-Major une efficacité totale quant à ses tirs. Quand il comprit qu'il s'était fourvoyé et que son erreur avait entraîné tout le reste de la garnison dans une aventure intenable, il se fit exploser une grenade sur la poitrine...

Le colonel de Castres, quant à lui, était officier de cavalerie, chose indispensable quand il s'agit de prendre le commandement d'une place forte, construite en dépit du bon sens, perdue au milieu de la jungle, sous-équipée, loin de tout et possédant en tout et pour toute une dizaine de chars... Tout ça pour défendre une piste d'atterrissage rendue inutilisable par l'artillerie ennemie dès le troisième jour de la bataille. Quand la situation tourna au grabuge, Cogny et Navarre s'accusèrent mutuellement d'incompétence. Après la chute de Dien Bien Phu, leur désaccord s'amplifia : ils se poursuivirent en justice. Résultat : match nul.

La responsabilité de la chute de Dien Bien Phu revient au général Navarre et à son opération Atalante déclenchée au sud, apparemment uniquement pour faire enrager Cogny qui était responsable du Nord. Cogny avait certainement une meilleure compréhension de la valeur stratégique et symbolique que Dien Bien Phu avait pour le Vietminh. Il sentait venir la contre-attaque. Mais il n'avait jamais élevé la voix pour exprimer son opposition à une telle opération. Au contraire, bien qu'en privé il est certain qu'il exprima ses doutes quant à l'issue de cette opération, en public, il paraissait approuver ce plan.

On appelle cela la discipline militaire ! Ou « Mirlitaire », au choix...

Mais cette défaite militaire, cuisante il est vrai, n'aurait jamais dû devenir une débâcle politique. Car à Dien Bien Phu, l'armée française, grâce à une résistance aussi héroïque qu'imprévisible, avait infligé des pertes monumentales au Vietminh. Entre les morts, les blessés et les disparus, la France avait perdu 13 000 hommes auxquels il faut ajouter 10 000 prisonniers, dont 6 000 moururent dans les camps vietminhs.

Le Vietminh avait perdu, tout confondu, près de 50 000 hommes dans cette bataille sanglante, peut-être même plus. Ces chiffres ne sont que des estimations, le Vietminh n'ayant jamais révélé ses propres comptes. Si, après Dien Bien Phu, nous étions épuisés, l'ennemi, lui, était exsangue... Giap avait utilisé toutes ses réserves. Alors, on aurait peut-être pu continuer la guerre avec, paradoxalement, une bien meilleure chance de gagner. Mais le moral n'y était plus, on avait trop misé sur cette bataille, le bourrage de crâne nous avait trop fait croire à une possible victoire, définitive. Cette défaite n'en fut que plus catastrophique.

Le destin aime jouer avec les humains et leur fait des farces parfois méchantes. En voici une qui en fera réfléchir plus d'un quant à la nécessité d'agir au moment opportun. Constatant leur totale incapacité à stopper la logistique vietminh autour de Dien Bien Phu et l'incroyable puissance de feu de leur artillerie lourde, qui surprit l'État-Major Français, les officiels français avaient demandé une accélération de l'aide américaine sous la forme de bombardiers lourds : des B-29.

Le général Ély, chef d'État-Major de l'armée française avait été envoyé à Washington pour réclamer un soutien aérien urgent. Le Président des États-Unis, le très républicain Eisenhower, ancien militaire lui-même et son secrétaire d'État, Foster Dulles, étaient favorable à une intervention sous des couleurs françaises et avaient déjà déployé et mis à la disposition de l'armée de l'air française cent appareils avec leur chargement de bombes sur l'île de Guam, prêts à annihiler l'artillerie lourde du Vietminh, cachée dans les collines surplombant la cuvette de Dien Bien Phu. Et ainsi changer le cours de la bataille... Durant ces entrevues, il parait même que l'on aurait évoqué l'usage de bombes nucléaires tactiques... Va savoir !

Restait à Eisenhower à obtenir l'autorisation secrète du congrès américain. Enfin, Eisenhower avait besoin de l'approbation des Anglais, ses plus fidèles alliés dans sa lutte contre les services secrets soviétiques, au sein de la Guerre froide. Les Anglais ne voulurent rien entendre, car ils souhaitaient un règlement global des problèmes de l'Asie du Sud-Est au cours de la future conférence de Genève, déjà convoquée et qui devait avoir lieu en juillet 1954, soit deux ou trois mois plus tard. Anthony Eden refusa fermement son appui. Peut-être alors cherchait-il à protéger Hong Kong, craignant une intervention chinoise directe si la Chine suspectait une intervention américaine ouverte au côté de la France.

Eisenhower pouvait se passer de l'agrément de l'Angleterre, c'était l'opinion de Foster Dulles. Mais ils ne pouvaient passer outre l'autorisation du Congrès américain. Cette autorisation lui fut radicalement refusée par le *Majority Speaker of the Senate,* l'équivalent du Président du Sénat en France, qui n'était autre que le sénateur du Texas, Lyndon B. Johnson, démocrate.

Devenu président des États-Unis en 1963, après l'assassinat de John F. Kennedy, Lyndon B. Johnson s'engagea dans une aventure militaire mille fois plus risquée, désastreuse et inutile. Alors qu'il avait refusé à la France l'aide des États-Unis, aide très ponctuelle limitée au bombardement des collines autour de Dien Bien Phu, il dut envoyer plus de 500 000 hommes de troupe dans ce même Vietnam, faire bombarder systématiquement toute l'infrastructure industrielle du Nord Vietnam et les digues du Tonkin, faire miner le port d'Haiphong, etc. Lyndon B. Johnson est probablement responsable de la mort d'un million de civils au Nord Vietnam. Tout ça pour tenter vainement de stopper l'invasion du Sud par les troupes du

Nord. Aurait-il accordé l'aide opérationnelle que la France avait obtenue de l'exécutif américain, il se serait épargné la responsabilité de la mort de plus de 58 000 soldats américains et ne serait pas resté dans l'histoire comme l'un des plus impopulaires Présidents des États-Unis.

L'extinction de l'artillerie lourde du Vietminh aurait radicalement changé le court de la bataille et donc de l'Histoire... Avec l'appui aérien des B-29, une victoire était possible. Le corps d'armée vietminh était déjà exsangue. La résistance héroïque des défenseurs de Dien Bien Phu avait été beaucoup plus efficace que quiconque n'eut, par avance, pu l'imaginer. Le général Giap ne s'attendait pas à une telle furie dans la résistance. Un concordat, un accord de coopération au sein de l'Union française aurait pu être signé avec Ho Chi Minh. La guerre américaine qui s'ensuivit entre le Nord et le Sud aurait ainsi pu être évitée.

Après la défaite de Dien Bien Phu et ce coup mortel porté au moral d'une nation toute entière, les autorités françaises, tant en Indochine qu'à Paris, n'avaient plus le coeur de continuer la guerre d'Indochine. Les négociations de Genève eurent lieu en juillet 1954, soit trois mois après cette défaite. Du côté français, il ne s'agissait que de la ratification d'un traité dont personne ne voulait.

Il n'y eut que des perdants à Genève. La France, en particulier, perdait tout. L'Indochine entière. Une perte monumentale dont les effets et les répercussions sur l'économie française n'ont jamais été correctement analysés ou publiés. Ho Chi Minh, également : il n'obtint que ce qu'il possédait déjà : le Nord Vietnam. Et cela, malgré les pertes massives qu'il avait subi et sa victoire à Dien Bien Phu.

Le Sud conservait son indépendance mais dut recevoir une énorme quantité de réfugiés venant du nord, mettant en péril un équilibre économique et ethnique déjà précaire. En échange de quoi, à cause de sa position anticommuniste, les États-Unis allaient l'aider financièrement et militairement. Et d'emblée, tout le monde allait tricher, sauf la France, trop heureuse de se débarrasser de ce fardeau trop lourd. Les accords de 1954 à Genève prévoyaient la partition temporaire de l'Indochine en deux nations : le Nord Vietnam communiste, totalitaire, rigide et bien organisé d'une part ; le Sud Vietnam un peu bordélique, totalement corrompu, pro western et anti-communiste d'autre part.

Les choses démarrèrent très mal pour le Sud. Avant même la signature des accords de Genève, le Nord avait déjà commencé une campagne d' infiltration systématique sur une très large échelle. Ils infiltrèrent par groupes entiers les masses de réfugiés, ils saturèrent le sud d'espions, d'agents provocateurs, de saboteurs, d'« Agit-prop ». Le gouvernement du Sud, mené par la famille Diem (catholique), s'aliénât immédiatement les bouddhistes du Sud Vietnam et refusât d'effectuer les élections prévues par les accord de 1954 et qui devaient ouvrir la voie vers une réunification démocratique du nord et du sud. Il n'en fut rien, ils savaient qu'ils allaient les perdre...

Ce refus d'appliquer les accords de Genève fut le prétexte pour le Nord Vietnam d'essayer de réunir les deux Vietnam par la force. La deuxième guerre du Vietnam venait de commencer.

Les incroyables pertes en vies humaines du Nord Vietnam témoignent de la dureté de cette guerre. Comme dans toutes les guerres civiles, les plus monstrueuses atrocités y furent perpétrées. Mais c'est la lourde intervention des États-Unis qui donnèrent à cette seconde guerre d'Indochine une dimension toute particulière. Ils pratiquèrent l'usage intensif de l'arme aérienne sous toute ses formes. Par exemple, à Khe San, près de la zone démilitarisée, la situation militaire ressemblait fort à Dien Bien Phu : une base aéroterrestre américaine, encerclée par des troupes du Nord Vietnam. Le général Vo Nguyen Giap cru pouvoir appliquer ici la même stratégie qu'il avait appliqué à Dien Bien Phu et qui lui avait si bien réussi. Le grignotage, la réduction progressive du périmètre de défense menant jusqu'à l'assaut final. Mal lui en prit. À la différence de Dien Bien Phu, les forces aériennes américaines bombardèrent constamment les extérieurs du périmètre de défense et détruisirent systématiquement toutes les tranchées creusées par les Bo Doi. Quand il comprit que Khe San était inexpugnable, Giap se retira. Les Nord-Vietnamiens avaient perdu près de vingt mille hommes dans cette bataille.

Plusieurs fois, et cela on ne l'a su que bien après la fin des combats, les Nord-Vietnamiens étaient prêts à jeter l'éponge quand un événement inattendu de la politique américaine leur accorda un répit leur permettant de se regrouper, de réparer la piste Ho Chi Minh, de se ravitailler et de se réapprovisionner en munitions. Si l'opération *Rolling Thunder* – bombardement systématique de l'infrastructure industrielle du Nord Vietnam avait duré seulement huit jours de plus, la guerre aurait probablement été terminée en 1968. Les Nord Vietnamiens étaient véritablement au bout du rouleau. Mais cela avait été un secret très bien gardé. Lyndon Johnson ne le savait pas et ne s'en doutait pas. Autre échec cuisant de la CIA

La réunification du Vietnam eut lieu en avril 1975, avec la chute de Saigon. J'y étais.

6

VUNG-TAU

Au début de l'année 1975, alors que j'étais au milieu de mon certificat d'études spéciales d'anesthésie-réanimation, un de mes bons amis du temps de la Transat, anesthésiste-réanimateur comme moi, mais à Bordeaux, me téléphona et me dit : « Je pars faire une mission d'aide médicale au Vietnam, tu viens ? » Il me fallut peu de temps pour acquiescer. Quelques jours plus tard, nous étions à l'aéroport Charles-de-Gaulle et embarquions avec une tonne de matériel sur le dernier DC.10 d'UTA décollant pour Saigon.

Cette mission avait été organisée par le journal *Parent*, du groupe Paris-Match et le but de notre mission était de s'occuper principalement des enfants réfugiés du Nord ou de Da-Nang qui avaient fui l'avancée brutale des troupes nord-vietnamiennes. Nous devions aller à Vung-Tau et prendre en charge l'hôpital local. Vung-Tau, du temps l'occupation française, s'appelait Cap-Saint-Jacques. Les gouverneurs d'alors y possédaient une très belle résidence d'été.

L'hôpital de Vung-Tau avait été tenu jusqu'alors par des Australiens mais, avec la déroute militaire du Sud Vietnam, ces derniers avaient, sur ordre de leur gouvernement, dû évacuer les lieux au plus vite. Nous étions envoyés là-bas pour reprendre en main cet hôpital. La rapide débâcle des troupes du Sud Vietnam rendait cette mission indispensable car les réfugiés descendus en bateau le long de la côte de la mer de Chine, depuis Danang, n'avaient accès à aucune aide médicale. Il y avait une myriade d'enfants mal nourris, parfois abandonnés, souvent orphelins.

La police militaire avait organisé ce port comme une sorte de camp d'internement dont ils ne pouvaient pratiquement pas sortir, sauf pour aller à l'hôpital. Des milliers de bateaux de tous tonnages encombraient ce qui n'était alors qu'un petit port de pêche. Il semblerait aussi que le gouvernement français ne fut pas mécontent d'assurer une présence bénévole et humanitaire dans cette tourmente... On ne sait jamais, ça peut toujours devenir utile en cas de négociation... D'ailleurs, très curieusement, après notre arrivée à Vung-Tau, les bruits les plus fantaisistes coururent à

Saigon : les troupes françaises auraient débarqué à Vung-Tau ! Lors de la prise de Saigon par les troupes nord-vietnamiennes, leur entrée dans la ville, au pas de charge, fut accompagnée par une floraison de drapeau Français aux fenêtres des habitations... Comme pour se protéger des possibles exactions de ces soldats en campagne.

À notre arrivée, le Sud Vietnam était dans un chaos indescriptible ! La nuit appartenait aux Vietcongs, une petite partie de la journée appartenait aux troupes du Sud Vietnam qui patrouillaient les routes et les laissaient ouvertes, mais tout ceci sans réelle conviction. Il semblerait qu'un accord tacite avait été convenu entre les hommes de troupe : « La nuit pour vous, le jour pour moi et pourvu qu'on ne se rencontre pas ! » Rappelons que les troupes américaines avaient commencé à se désengager du Sud Vietnam dès 1972. À la fin de l'année 1973, il n'y avait plus aucun soldat américain au Vietnam mais les États-Unis avaient laissé un matériel gigantesque, faisant de l'armée Sud Vietnamienne une force considérable dont la puissance de feux aurait dû impressionner les stratèges Nord Vietnamiens... Il n'en fut rien.

Une aviation moderne et bien équipée pouvant appuyer efficacement les troupes au sol, une puissante artillerie et un effectif de plus d'un million d'hommes sous les drapeaux allaient défendre ce pays... Pas pour longtemps. La déliquescence des troupes du Sud Vietnam est presque équivalente à celle des troupes françaises en 1940. C'est dire la déroute qu'ils subirent en 1975.

Cette déroute a trois explications parfaitement logiques :

Premièrement, les civils comme les militaires du Sud Vietnam étaient parfaitement infiltré par les agents Nord Vietnamiens. L'espionnage systématique des structures militaires du sud était très efficace. Hanoi savait tout des décisions de Saigon, même les plus secrètes. On disait même qu'Hanoi avait connaissance des ordres venus de Saigon avant même que leurs destinataires officiels les eussent reçus !

Ensuite, le général Thieu, lui-même, est responsable de sa propre défaite. Vivant en permanence dans la crainte d'un coup d'état fomenté par ses propres généraux, pour désorganiser par avance toute tentative de renversement, il passait son temps à déplacer les chefs de régions militaires. De ce fait, ceux-ci ne connaissaient rien des situations réelles de leur différents commandements. Qui plus est, Thieu déplaçait aussi ses meilleures unités. Ainsi, toute cohésion entre celles-ci avait disparu. Et dans toute cette pagaille, les chefs trouvaient encore le moyen de se tirer dans les pattes.

Enfin, l'organisation administrative de l'armée sud-vietnamienne permettait de gonfler artificiellement les effectifs militaires. Sur le plus d'un million d'hommes recensés comme combattants, l'armée sud-vietnamienne ne pouvait aligner au mieux que deux cent à deux cent cinquante mille hommes. Soit, un quart seulement des effectifs !

Chaque chef de région militaire était responsable de son propre budget, les contrôles inexistants. L'audit non plus n'existait pas, pour cause de corruption. Le responsable d'un région donnée recevait une enveloppe correspondant à la paye des effectifs, dûment établie par les comptables locaux. En plus de son salaire, le général en chef s'en prenait un bon paquet et l'envoyait en Suisse... Puis, il distribuait la manne céleste à ses officiers supérieurs qui en prenaient également un petit bout chacun, en plus de leurs salaires. Le reste allait aux commandants d'unité sur le terrain, qui eux, devaient distribuer leurs salaires aux troupiers... Il ne restait pas grand chose, le capitaine gardait la majeure partie des salaires, en échange de quoi il autorisait illégalement ses hommes à rentrer temporairement chez eux. Pour cultiver le riz, par exemple.

Les Nord-Vietnamiens n'avaient jamais abandonné l'idée de réunir le Vietnam. Tous les moyens étaient bons. L'occasion leur fut donnée par le général Thieu qui décida, à la fin de 1974, de déplacer vers le sud un groupement blindé en garnison près de la zone démilitarisée "which mean:" Near the DMZ. Détectant une faiblesse dans son dispositif, il avait voulu renforcer sa seconde ligne de défense. Il n'en fallut pas plus pour les Nords-Vietnamiens qui, bien préparés à cette éventualité, s'engouffrèrent dans la brèche et, poussant très rapidement vers le sud, empêchèrent toute réorganisation des troupes du Sud. Ce repli stratégique se transforma immédiatement en une complète déroute. Les réfugiés, envahissant les axes principaux et descendant vers le sud, empêchèrent les tanks sudistes de manœuvrer. Avec la prise de Ban Me Thuot sur les hauts plateaux, la déroute se transforma en une véritable panique, les jeux étaient faits, le Sud Vietnam s'écroulât sous la force de sa propre corruption...

*
* *

Nous étions un groupe de douze médecins et infirmières, tous bénévoles... Notre avion fut le dernier appareil civil à se poser à Than Son

Hut, l'aéroport international de Saigon. Par les hublots on pouvait déjà voir des incendies tout autour de Saigon. Pour éviter les tirs anti-aériens des Nord-Vietnamiens, l'avion fit une percée tout à fait originale : au lieu de suivre le cheminement classique avec longue finale puis courte finale dans l'axe de la piste, le pilote engagea l'avion, juste à l'aplomb de la piste d'atterrissage, dans une descente en spirale plus proche d'un piqué de combat aérien que d'une approche commerciale... Circonstances obligent. Tous les passagers ayant été débarqués à Bangkok, notre petit groupe de bénévoles constituait l'unique chargement de l'appareil. À peine étions-nous au sol que notre barda de médecins bénévoles fut déchargé à même le tarmac. L'appareil redécolla immédiatement pour retourner à Bangkok. Quand nous sommes arrivés au Vietnam, les Nord-Vietnamiens avaient été arrêtés à Xuan Loc.

Avec l'aide secrète des États-Unis, les dernières unités encore organisées de l'armée du Sud Vietnam avaient réussi à bloquer l'avancée du gros des troupes du Nord Vietnam à Xuan-Loc, petite ville située à une centaine de kilomètres au nord de Saigon. L'aide américaine, confidentielle, constitua en un bombardement de très haute altitude d'un nouveau type de bombes : les fameuses *Daisy Cutters*, que l'on pourrait traduire par les « faucheuses de pâquerettes ». C'était la première utilisation opérationnelle de cette arme nouvelle qui fit des ravages inimaginables au sein des troupes du Nord. Ces bombes sont les plus puissantes des armes dites conventionnelles. Elles ont un double effet : d'abord, leur souffle ratisse tout sur un rayon de deux cents mètres, puis, elles engendrent une totale hypoxie (disparition de l'oxygène) qui tue tout être vivant dans un rayon de six cents mètres. Les Américains, par ce coup de semonce terrible, venaient de faire comprendre à Hanoi qu'ils leur fallait quelques jours pour évacuer leur ressortissants et leurs alliés Sud-Vietnamiens. Le message fut entendu : les Nord-Vietnamiens n'entrèrent dans Saigon qu'après le départ du dernier hélicoptère américain.

Lors de notre arrivée, nous avons passé une première nuit dans un hôtel assez minable de Saigon, près de la rivière. Le lendemain matin, à l'hôpital Grall, nous avons formé un convoi d'une dizaine de véhicules et sommes partis vers Vung-Tau. La route montait d'abord vers le nord, à Bien Hoa, elle passait le long de ce qui avait été la plus grosse base américaine durant la guerre et puis, bifurquant vers la côte, à travers de belles plantations d'hévéa, elle entrait en territoire vietcong. J'étais dans le camion de tête, un gros Nissan de dix tonnes, transportant l'équipement nécessaire à l'établissement d'un hôpital de campagne.

Tous les deux kilomètres le long de la route, il y avait un poste de garde, occupé par des soldats Sud-Vietnamiens. Tant qu'on voyait une voiture arrivant de la direction opposée, cela voulait dire que tout allait bien ; la route était ouverte. Mais si, entre deux postes de garde, la circulation opposée s'arrêtait brusquement, cela indiquait que la route était coupée par les Vietcongs.

C'était un petit peu énervant : il fallait compter les secondes après le passage de chaque véhicule. Après trente secondes, je signalais au conducteur vietnamien que quelque chose clochait, il acquiesçait et continuait de conduire, suant de plus belle. Il montra un très grand soulagement quand nous atteignîmes enfin Vung-Tau. Ce n'était guère qu'à une centaine de kilomètres de Saigon, mais avec ce gros et lent camion, nous offrions une cible trop tentante pour ne pas s'y essayer.

Arrivés à l'hôpital, nous fumes reçus comme des princes ; une délégation de l'administration, menée par la pharmacienne de l'hôpital, vêtue d'un magnifique *ho zai* de soie blanche, nous offrit des rafraîchissements.

Cette pharmacienne avait fait toutes ses études au lycée Marie-Curie de Saigon et parlait un français plus qu'impeccable alors que le reste des personnels soignants utilisait surtout l'anglais. Nous étions logés dans la Maison de France, à environ un kilomètre de l'hôpital. Ancienne résidence d'été des gouverneurs de l'Indochine, c'était une immense bâtisse, un peu en ruine, qui avait été laissée plus ou moins à l'abandon. Il y avait des communs, un blockhaus, un très grand jardin dont le fond était creusé d'abris individuels.

Lorsque la bataille s'engagea, on mit le maximum d'enfants dans ces trous que l'on avait recouvert de matelas. Pas un de ceux-ci ne furent blessés, ils n'eurent pas une égratignure. De même, ceux abrités dans le blockhaus furent totalement indemnes, malgré des combats nocturnes à l'intérieur même de l'enceinte de cette propriété. J'étais assigné à la pédiatrie et j'aidais à la chirurgie. Les infirmières vietnamiennes étaient magnifiquement formées ; qu'elles fussent infirmières de salle d'opérations, anesthésistes ou infirmières de soin, dans les chambres, elles étaient d'une diligence et d'un professionnalisme exceptionnels.

Mais, comme les combats se rapprochaient, petit à petit le nombre d'infirmières diminuait. Elles s'en allaient sans dire un mot et ne revenaient pas. Quelques une sont restées fidèles à leur tâche jusqu'au bout. La suite opératoire était dirigée par un infirmier que nous appelions le Major. Ça avait l'air de bien lui plaire, nous nous accordions un respect mutuel. Il y avait aussi deux jeunes pharmaciens, un jeune couple assez sympathique, très dévoué. Nous n'avons jamais manqué de médicaments, nous avions tout ce qu'il nous fallait car, en plus de la pharmacopée locale et surtout américaine, nous avions apporté notre propre stock de médicaments. Après la fin de la bataille, nos jeunes pharmaciens firent tomber le masque : à notre grande surprise, il s'agissait de Vietcongs infiltrés. Et heureusement : ils témoignèrent auprès de la nouvelle administration de notre parfaite neutralité et de notre dévouement à la tâche que nous nous étions impartis.

Les premiers jours, la chaleur torride me surprit en même temps qu'elle m'accabla. J'étais déshydraté en permanence. Le travail était difficile mais extrêmement gratifiant. Il n'y avait plus que nous, les Australiens avaient levé le camp.

Il y avait avec nous, chose qu'alors je n'avais jamais bien compris, indépendamment de notre groupe, un médecin général de l'armée française, accompagné d'un chirurgien colonel. Il avaient été détachés de L'Hôpital Grall à Saigon pour venir préparer notre mission à Wung-Tau. Lorsque la situation militaire commençât à se détériorer sérieusement, nos deux militaires reçurent de l'ambassade française l'ordre impératif de rentrer derechef à Saigon. Comme par hasard, et en même temps, notre chef de groupe, un médecin généraliste de la région d'Anger et son épouse infirmière, décidèrent qu'il était temps pour lui de rentrer. La clientèle du cher docteur s'impatientait, paraît-il. Je crois me souvenir que son épouse resta avec nous. Notre petite expédition médicale couvrait probablement un désir du gouvernement français de maintenir une présence militaire, toujours utile en cas de négociations. La présence de ces militaires de carrière est ainsi expliquée. Avec l'approche de la fin et le départ plus ou moins justifié de nos dirigeants, à l'intérieur même du groupe, comme il arrive dans toutes ces situations, la tension monta de trois crans et la zizanie s'installa temporairement.

La bataille commença un soir : depuis quelques jours déjà, on entendait la canonnade se rapprocher. Ce soir-là, le Major vint nous chercher : nous devions d'urgence retourner à l'hôpital, un convoi avait été pulvérisé par des tirs de mortiers. Un contingent de blessés venait d'arriver au urgences. Ils avaient empilé les morts et les blessés dans la ridelle d'un GMC et foncé vers les urgences. Il y avait de tout : des morts des vivants, des jeunes, des vieux, des blessés graves, et des presque pas blessés,mais encore sous le choc ! Quelques uns avaient juste des éclats de shrapnells dans l'épaule ou le mollet. Nous avons fait le tri. Les morts étaient bien morts, les petits blessés pouvaient attendre.

Nous primes immédiatement en salle d'opération une jeune fille avec une énorme plaie abdominale. Elle agonisait ; éviscérée, elle avait croupi dans le caniveau trop longtemps. Un petit serpent vert, attiré probablement par la chaleur animale de cette blessée, s'était lové à l'intérieur de sa cavité péritonéale. Il devait être bien confortablement installé dans cette chaleur intestine. Juste quand on allait explorer l'abdomen, la bête apparu à travers la plaie. Nous fumes littéralement cloués aux murs... La jeune blessée expira quelques instants plus tard. Mis à part cet épisode terrifiant, nous avons fait du bon boulot. Comme nous avions parfaitement conscience que les Nord-Vietnamiens allaient nous expulser, nous avions préparé, pour chaque blessé et pour chaque malade, une carte qu'ils devaient porter en collier, indiquant le diagnostique, les résultats des examens complémentaires les plus importants, les traitements chirurgicaux ou non, les antibiotiques utilisés, les suites et les complications potentielles. Après la chute de Wung-Tau, la prise en main par la nouvelle administration fut extrêmement rapide et efficace.

Dans l'enceinte de la maison de France et non plus à l'hôpital que nous ne pouvions plus rejoindre pendant la bataille, la route étant coupée par les combats, nous avions soigné quelques soldats Nord-Vietnamiens qui avaient été sérieusement blessés en attaquant l'hôtel Rex. Cet hôtel jouxtait la maison de France. Construit en béton précontraint, il était aussi solide qu'un blockhaus du mur de l'Atlantique et avait été choisi pour un dernier baroud d'honneur par des sous-officiers Sud-Vietnamiens. Probablement bourré comme des coings, ils tiraient sur tout ce qu'ils pouvaient et à la fin, ils lobèrent quelques grenades dans l'enceinte de la maison de France et tuèrent quelques civils qui n'avaient pas trouvé place dans le blockhaus, dont une toute petite fillette. Un éclat d'obus avait pénétré sa boîte crânienne. Je me rappelle d'un jeune Bo Doi (c'était le nom des soldats du Nord) qui, pour mieux ajuster son tir était monté, debout sur le fait d'un mur. Il fut coupé en deux par une mitrailleuse lourde installée sur un des balcons de l'hôtel.

Le lendemain qui suivit la mort de la jeune fille, un véritable tir de barrage d'artillerie s'abattit sur les bateaux de réfugiés qui partaient vers la haute mer. Pour notre malheur, la maison de France était juste au bord de l'eau, c'est-à-dire très près des destinations de ces obus. Le tir de barrage a ceci de particulier qu'il est très systématique : les impacts se rapprochent, vous dépassent, puis reviennent, vous dépassent de nouveau… et passent et repassent indéfiniment. Ça casse les nerfs.

Au moment de la première salve, j'étais aux chiottes, au deuxième étage de la maison. Juste dans la direction des canons. Je n'ai pas demandé mon reste, je suis sorti en courant, le pantalon encore sur les chevilles. J'ai dévalé l'escalier en me reboutonnant. Par la suite, l'avance ennemie créa dans la ville une panique totale, les troupes régulières se débandèrent, les officiers quittaient leurs uniformes militaires et se déguisaient en civil. La police militaire elle-même, qui aurait dû faire régner un semblant d'ordre, envahit l'hôpital, nous rançonna et, pour finir, nous vola notre stock de Penthotal. Ca devenait une complète pagaille.

Pendant la nuit, les Nord-Vietnamiens attaquèrent l'hôtel Rex à la rocket. Je n'ai jamais entendu de ma vie un tel vacarme ! C'était un combat très rapproché, les impacts se mêlant aux coups d'envoi dans un bruit d'explosion invraisemblable... La guerre, c'est un putain de bordel !

Nous avions avec nous un immense python qui appartenait à l'un des gardiens de la propriété, il avait son propre trou dans lequel il se lovait. C'était un animal assez paisible, à condition qu'il ait son canard hebdomadaire. Je crois qu'il a passé une très mauvaise nuit. Il doit encore se demander ce qui s'est passé cette nuit-là !

Après la fin et la chute de l'hôtel Rex, tous les réfugiés que nous avions dans l'enceinte de la maison de France s'en furent comme un seul homme piller ce qui restait de l'hôtel. C'était vraiment trop dégueulasse : qui sortait avec un réfrigérateur, qui avec un ventilateur, qui avec une table, des chaises, des draps de lit... Pour parvenir à leur butin, ils durent marcher sur des cadavres encore chauds. Un tapis de morts recouvrait l'entrée de principale de l'hôtel, principal lieu des combats. L'odeur des corps brûlés mêlée à l'odeur des explosifs avait quelque chose de cauchemardesque. Ce pillage systématique, ce manque absolu de respect pour tout ces morts m'avait profondément heurté. J'en avait tellement honte que j'ai commencé à virer tout le monde... Les Vietnamiens ne compreniaient plus : dix minutes avant, j'étais leur pote, leur soutien, leur refuge et maintenant, je les engueulais, les virais à coup de pompe dans le cul et les insultais dans une langue étrangère. Ils ont dû se dire que j'étais barjot. Ils avaient peut-être raison après tout.

À cinq heure de l'après midi, tout était redevenu calme, un marchand de cigarettes s'installa, comme par hasard, devant la maison de France ; c'était un indicateur Vietcong chargé de nous surveiller... Peu de temps après, un gradé de l'armée régulière vint nous rendre visite. Il avait cinq lanières pendantes à sa sacoche en cuir. Les officiers de l'armée nord-vietnamienne ne portent aucun insigne sur leur uniforme de combat, seul le nombre de lanières pendant de leur sacoche indique leur grade. Il devait sûrement être colonel. Il nous indiquât que nous n'aurions plus jamais accès à l'hôpital, que nous devions aller passer quelques heures à la plage, probablement le temps qu'ils fouillent la maison de France, et que le lendemain nous devrions partir au petit matin pour Saigon... C'est là qu'il commit une petite erreur chronologique : nous ne partîmes pour Saigon que le surlendemain. Le lendemain serait, pour moi, une journée très instructive...

En effet, il nous fallait obtenir de la nouvelle administration des sauf-conduits pour tout le personnel du groupe. Je fut délégué à cette tâche et, le lendemain matin, avec un chauffeur vietnamien, nous partîmes en jeep vers l'hôpital. Celui-ci était très calme, les espaces entre les bâtiments plus ou moins déserts. Nous avions surtout travaillé dans deux ailes du rez-de-chaussée, au fond de l'hôpital : l'aile de gauche comprenait les lits d'hospitalisation, l'aile de droite, la suite chirurgicale avec deux salles d'opération, les salles de soins et de surveillance post-opératoire. Comme j'avais travaillé dans ces deux ailes, et je connaissais bien le personnel soignant. En entrant avec la jeep dans l'enceinte de l'hôpital je m'étais dirigé directement vers l'endroit que je connaissais le mieux et avais garé le véhicule à mi-distance entre ces deux ailes. Mon chauffeur vietnamien, un Vietcong bon teint, était parti faire estampiller tous les papiers nécessaires à l'obtention des fameux sauf-conduits, et j'étais resté assis à griller sous le soleil dans la jeep ouverte à tous les vents. De loin, je voyais ce que j'ai cru être des médecins de l'armée nord-vietnamienne sortir un par un, par une porte de derrière, pour me reluquer discrètement. Ils s'allumaient une cigarette, regardaient vers la jeep et puis rentraient par la même porte. J'étais manifestement l'objet de toute leur attention. Je me sentais en territoire ennemi et je ne voulais rien faire qui aurait pu devenir le prétexte à une intervention intempestive des Bo Doi. L'hôpital dans lequel je travaillais était devenu territoire militaire. Pour les Bo Doi, tout ce qui n'était pas asiatique était, selon leur endoctrinement, au mieux un agent de l'impérialisme américain ou au pire un agent de la CIA. Je me tassais petit à petit sur mon siège. Au bout d'un moment, je décidais de faire faire demi-tour à la jeep afin qu'elle regarde vers la porte d'entrée de l'hôpital. En manœuvrant, je suis passé à quelques mètres des fenêtres donnant sur les chambres d'hospitalisation. Qu'étaient devenus les malades que nous avions laissé en bon état, avec leur cartes de traitement en guise de collier ? Les lits étaient vides, désespérément vides. Ca m'a foutu un choc.

Je continuais d'attendre mes papiers quand j'ai reconnu quelques infirmières du service de pédiatrie, avec lesquelles j'avais travaillé. Elle savaient que j'étais là mais m'ignoraient manifestement et savaient que je comprendrais pourquoi. Elles avaient complètement changé d'uniforme : de la classique nurse américaine toute de blanc vêtue, portant sur le chef cette petite calotte blanche si spécifique à leur état, elles s'étaient transformées en paysannes révolutionnaires : *ho zai* blanc, large pantalon de soie noire et chapeau conique en paille. Une chape de plomb était tombée sur l'hôpital de Vung-Tau.

Et puis, j'ai vu le Major passer d'une aile de bâtiment vers l'autre. Ce faisant, il est passé derrière la voiture, à environ quatre mètres. Arrivé à la hauteur du véhicule, il s'est arrêté pour renouer son lacet et, tout en continuant à regarder droit devant lui, il m'a dit : « *Au revoir, Docteur, on vous aimait bien...* » Et puis il a continué son chemin comme si de rien n'était. Je commençais à me sentir de plus en plus mal à l'aise. Enfin, mon Vietnamien réapparut, une liasse de papiers à la main. Il fallait maintenant aller à la mairie de Vung-Tau pour obtenir le laissez-passer final qui nous permettrait de rejoindre Saigon par la route.

La mairie de Vung-Tau grouillait de militaires Nord-Vietnamiens qui furent stupéfaits de me voir arriver en jeep, libre, accompagné d'un civil vietnamien, entrant dans cette mairie militairement occupée, comme si j'entrais dans un bureau de poste ! Le grand hall d'entrée avait servi de centre de récupération de toutes les armes légères que les Bo Doi avaient récupérées pendant ou après la bataille. Je n'avais jamais vu ni même imaginé qu'il put y avoir autant d'armes en un seul vaste tas. Des tonnes de M.16, mitrailleuses, pistolets, bandes de munitions, etc. Un amoncellement gigantesque et stupéfiant, de plus de dix mètres de haut sur vingt mètres de large, d'armes en tous genres. Il y avait de quoi équiper des régiments entiers.

Par je ne sais quel miracle, mon Vietnamien avait réussi à nous faire entrer dans le bureau bien gardé de la chef de province. La dame n'était pas causante... Mais je suis encore absolument convaincu qu'elle parlait un français plus qu'impeccable. Il y avait quelque chose de forcé et de théâtral dans la brusquerie de ses gestes. Elle devait avoir dans les cinquante ans, dont probablement trente-cinq ou plus de maquis et de guerre clandestine... Elle avait sa victoire finale et me le faisait bien sentir. Elle devait être du Nord et avait été envoyée là, au Sud, pour faire régner un ordre bien communiste ! À ce niveau de responsabilité, cela indiquait qu'elle était très proche du sommet de la hiérarchie communiste. Elle était certainement membre du Comité central du parti, peut-être même du Politburo. Elle avait des cheveux gris tirés en arrière en un chignon mal roulé, portait des lunettes et avait dû en baver pas mal au cours de sa vie. Je n'ai pas bien vu son visage car elle gardait la tête baissée pour bien me faire comprendre qu'elle ne me donnait ces sauf-conduits qu'à contrecœur. Elle portait trois insignes sur sa poche de poitrine gauche, trois médaillons d'or sur fond d'émail rouge vif. L'un, je crois, représentait le visage D'Ho Chi Minh, l'autre Lénine et le troisième, Mao Tse Toung... J'étais impressionné et admiratif, c'est le genre de rencontre que l'on ne fait pas tous les jours... Je ne me suis pas attardé. Bonjour madame, merci madame.

Nous sommes donc partis vers Saigon deux jours après la fin de la guerre, après avoir obtenu nos sauf-conduits. Nous avions préparé nos véhicules la veille et fait les vérifications d'usage : niveau d'huile, d'essence, pression des pneus, etc. On avait auparavant planqué un peu d'essence, malgré les risques d'explosions... Je ne sais pas ce que nous serions devenus sans cette essence... On avait préparé du riz gluant pour la route et, au petit jour, nous avions rejoint une division blindée nord-vietnamienne qui faisait le même trajet car la guerre continuait plus au sud. Bien nous en prit, sans cette couverture nous ne serions jamais arrivés à Saigon car, dans chaque village que nous traversions, de jeunes adolescents très excités, armés jusqu'aux dents, voulant jouer les héros de la révolution, attendaient la moindre occasion pour faire un carton et prouver ainsi leur totale dévotion à leur nouveaux chefs.

La présence de tous ces chars et de tous ces soldats réguliers nous donnait une légitimité qui refroidissaient leurs ardeurs guerrières sans les empêcher de vérifier la parfaite légalité de nos sauf-conduits et autres autorisations. Les plus jeunes n'avaient pas plus de douze ans, les plus vieux peut-être quinze ; ils portaient la chemise noire et le foulard vietcong autour du cou. L'administration de Wung-Tau nous avait donné des brassards d'un rouge bien communiste que nous portions de manière ostensible afin d'éviter tout malentendu.

Pour autant, être encadré par les chars d'une division blindée en campagne n'a pas que des avantages : quelle que soit la couleur de son uniforme, un soldat, s'il en a l'occasion, se transforme vite en soudard. Nous fûmes donc rançonnés. Le riz gluant disparut le premier, à l'occasion d'un passage à gué. Suivirent les cigarettes, les denrées alimentaires qui nous restaient et, enfin, l'essence d'un de nos véhicules qu'ils siphonnèrent. Le véhicule, un minibus Volkswagen, fut abandonné sur le champ, les différents occupants distribués dans les véhicules restants. Finalement, nous arrivâmes à Saigon au crépuscule, en ordre dispersé. La banlieue nord de Saigon était encore imprégnée de la bataille qui venait d'avoir lieu. Il y avait encore, le long de la route, des épaves de chars, de jeeps, de bus et des cadavres carbonisés en quantité... Saigon étant restée une ville ouverte, à part quelques escarmouches très ponctuelles, il n'y avait pas eu de combats.

Nous avions décidé de nous retrouver tous à l'ambassade de France. Comme nous n'arriverions certainement pas ensemble, il nous avait fallu décider à l'avance d'un point de rencontre. L'ambassade semblait être un choix correct, mais non ! Pourtant, nous y étions arrivés assez facilement, tout le monde avait fui la ville ou restait cloîtré chez soi : il n'y avait pratiquement pas de circulation dans Saigon. Là-bas, les gendarmes français, en faction et en civil, avaient enfreint les lois internationales sur l'extraterritorialité des ambassades, quitté leur uniforme et laissé rentrer les Bo Doi dans l'ambassade. Après avoir abandonné le navire, ces mêmes gendarmes nous avaient refoulé comme des malpropres : « Foutez le camp, on ne veut pas de vagabonds ici. » On n'est pas plus charmant. J'ai toujours pensé qu'il y avait un petit problème avec l'administration française... En désespoir de cause, nous sommes repartis vers l'hôpital Grall où nous avons retrouvé tout notre petit monde. Notre médecin général, qui nous avait lâché au début des combats, était en grande conversation avec la pharmacienne de l'hôpital de Wung-Tau, comme si de rien n'était. Merci Monsieur-le-général-militaire-de-carrière de nous avoir laissé tomber... C'était très courageux à vous. J'en reste pantois d'admiration.

À partir de là, il faut bien le dire, l'administration nord-vietnamienne nous traita parfaitement bien. Mieux que nos propres gendarmes... Cocorico ! Elle réquisitionna un hôtel dans le centre de Saigon, le *Park Hotel* où nous fûmes assignés à résidence. Pas plus qu'à Vung-Tau, nous n'avions le droit de travailler à l'hôpital. Nous sommes donc restés plus d'un mois à Saigon à nous tourner les pouces. Je passais le plus clair de mon temps avec des journalistes-reporters d'images qui, comme nous, avaient été surpris par rapidité de la déconfiture du Sud Vietnam. Malgré les différentes restrictions imposées par le nouveau gouvernement – couvre-feu, interdiction de déplacement en dehors du périmètre urbain, etc. – nous allions à Cholon, dans le quartier chinois, un quartier très actif, où la guerre semblait ne jamais avoir eu lieu. Un jour, nous avons été convoyés à l'aéroport, entassés dans un avion soviétique et gardés à vue par deux Bo Doi en armes. Nous avons décollé pour Danang où l'avion a refait un plein de carburant et redécollé pour le Laos. Il nous a déposé à Vientiane. De là, nous avons rejoint Bangkok, puis Paris – enfin ! – vers la fin du mois de juin.

Quand je suis arrive à la douane de l'aéroport Charles de Gaulle, j'avais, pour tout bagage un petit sac de voyage, un appareil photo et une vieille raquette de tennis que j'avais récupérée au cercle sportif de Saigon et que j'avais ramenée en guise de souvenir. Un parfait touriste rentrant de vacances. Quand le douanier m'a demandé d'où je rentrais et que je lui ai répondu, il a cru que je me payais sa tête : « Faut pas essayer de vous foutre de moi ! » Pour un peu, il m'aurait bien taxé, ou fouillé... Et j'aurais eu bien du mal à lui expliquer pourquoi je transportais de l'Or avec moi. Cet Or appartenait à la pharmacienne de l'hôpital de Vung-Tau qui n'avait pas réussi à s'échapper à temps avec ses trois enfants. Elle m'avait raconté son odyssée : elle avait rejoint Saigon en espérant pouvoir être embarquée dans un des hélicoptères américains qui décollaient du toit de l'ambassade. Rien n'y fit. Elle alla donc à l'aéroport de Ton Son Hut, espérant trouver une place dans l'un des derniers avions d'*Air America*... Elle y rencontra un pilote américain qui, moyennant 3 200 dollars, l'embarquerait avec ses enfants dans son avion. Elle lui donna son dernier cash, le pilote lui intima l'ordre de l'attendre là où elle se trouvait, il devait revenir la rechercher... Mais bien sûr ! Elle a attendu deux ou trois heures. L'avion, s'il avait jamais existé avait décollé sans elle. Comprenant un peu tardivement qu'elle s'était fait rouler dans les grandes largeurs, elle rentra à Saigon et embarqua sur un de ces bateaux de pêche qui faisait la navette avec les gros cargos américains qui attendaient leur passagers potentiels dans les eaux internationales, au large de Vung-Tau précisément. Arrivée là, elle fut repoussée par l'équipage du bateau américain : elle n'avait plus assez d'argent pour payer le passage... Elle retourna à Saigon et c'est ainsi que je l'avais retrouvée à l'hôpital Grall. Pour la sortir de ce bourbier, j'avais pensé au mariage. Nous pensions que si je l'avais épousée, elle aurait pu, peut-être, obtenir un passeport français. Ceci se passait bien avant Pasqua, ma nationalité française ne faisait alors aucun doute. Nous nous rendîmes à la chancellerie de l'ambassade de France qui, après sa mise à sac par les Bo Doi, avait repris ses activités, au ralenti.

La chute de Saigon était bel et bien consommée, il y avait une queue monstrueuse de deux cent à trois cent Vietnamiens qui essayaient d'obtenir des sauf-conduits du gouvernement français. La chancellerie avait gardé son petit train-train habituel. Messieurs et Mesdames les ronds de cuir officiaient lentement, de neuf heures à onze heures le matin et de deux heures à quatre heures l'après-midi, comme si de rien n'était, totalement déconnectés de la réalité. Le Sud Vietnam venaient de basculer, nous pensions pour toujours, dans le monde communiste... Mais ça, ce n'était pas leurs oignons ! D'urgence, point. Seules comptaient la pause déjeuner et la sieste... L'œil fixé sur l'horloge murale, nos ronds de cuir faisait passer le temps. Pour remuer du papier et se donner l'air occupé à ne rien foutre, le fonctionnaire français est le meilleur du monde : un vrai professionnel du papier buvard et de la manche de lustrine ! Leur petit univers bien clos de fonctionnaire des affaires étrangères venait de se rétrécir un peu plus… Bien entendu, ma requête de mariage avec une vietnamienne ne fut pas acceptée, les actes effectués après la chute de Saison n'étaient plus reconnus par la nouvelle administration... C'était vrai, mais ils auraient pu essayer de faire un geste... antidater l'acte officiel, par exemple... Non ? Ils s'en fichaient complètement. Pis, fidèles à une tradition bien ancrée dans le colonialisme français, ils méprisaient profondément les Vietnamiens. De plus, et cela se ressentait dans toute leur attitude, ils n'avaient pas l'intention de lever le petit doigt pour qui que ce soit…

Il ne lui restait plus que les *boat people*, comme on les appela peu après. Pour cela, il fallait qu'elle puisse envoyer de l'argent à sa soeur qui était déjà en France et qui pourrait organiser sa fuite de l'extérieur. La monnaie vietnamienne n'avait plus court, la seule chose de valeur qui lui restait, c'était des plaques d'or. Elle avait conservé environ cinq plaques, de quatre centimètres sur deux et de deux millimètres d'épaisseur. L'ensemble était assez lourd et devait peser trois ou quatre cent grammes.

Elle m'a demandé de les sortir du Vietnam pour les donner à sa soeur. C'était risqué mais j'ai réussi. Elle m'avait fait confiance, je lui devais bien ça. Je crois que si les Bo Doi m'avaient coincé avec cet or à la douane, ils m'auraient passé par les armes, sans aucune forme de procès. J'avais vraiment choisi le pire moment pour essayer de sortir quelque chose du Vietnam... Les douaniers se doutaient bien que tout le monde avait pensé à sortir des marchandises précieuses ou illégales en douce du pays... Il fallait être fou furieux, amoureux, ou les deux pour envisager ce genre d'action. C'était du suicide, nous savions que la fouille des bagages serait systématique et extrêmement pointilleuse. Ils ouvraient tout... Heureusement, la chance sourit aux audacieux...

Dans la queue menant à la table d'inspection, je me trouvais derrière l'écrivain Jean Larteguy, écrivain français bien connu des Nord-Vietnamiens car il avait écrit de nombreux livres consacrés à la guerre d'Indochine. Les Bo Doi l'avaient à l'œil et n'allaient le laisser passer tranquillement... Derrière moi, il y avait un grand escogriffe Australien qui faisait un tintamarre du diable avec les nombreuses œuvres d'art qu'il traînait à sa suite. Par chance pour moi, il ressemblait à s'y méprendre à un commando britannique rentrant de Birmanie. Il avait vraiment l'intention de jouer au con et d'emmerder les Bo Doi ! Il arborait un magnifique chapeau de brousse et une veste de chasse du dernier chic. Il représentait à mes yeux le comble de l'arrogance et du mauvais goût. Dès son entrée – fracassante – dans l'aérogare, il attira immédiatement les regards suspicieux des Bo Doi et de leur supérieurs. À croire qu'il l'avait fait exprès.

Il était à peine arrivé au comptoir où nous devions ouvrir nos bagages que déjà, trois soldats piochaient et fouillaient consciencieusement toutes ses affaires... Ils n'allaient certainement pas le louper ! Les œuvres d'art, en particulier les tableaux, firent l'objet de l'attention des douaniers qui, passablement nerveux, appelèrent leurs supérieurs hiérarchiques à la rescousse.

J'étais coincé entre les deux, Jean Larteguy devant, l'Australien derrière. À eux deux, ils avaient attiré l'attention de plus de la moitie des Bo Doi. Avec mon unique petit sac de voyage ouvert sur le comptoir, prenant l'air le moins concerné du monde, je jouais les impatients ! J'attirai, du coin de l'œil, l'attention d'un garde qui restait derrière à superviser toute cette agitation, puis lui fit un signe qui signifiait : « Et moi, alors ? » Il s'est approché, l'air mauvais, a plongé sa main dans le sac de sport et en a retiré ma trousse de toilette. Il l'a renversée sur le comptoir, tout est tombé en vrac. Il a touché à tout d'un air excédé et dédaigneux, et puis d'un signe de la tête, il m'a indiqué le bout du comptoir où j'ai dû le suivre. Il m'a palpé de haut en bas, m'a fait enlever mes chaussures, a fouillé toutes mes poches.

Finalement, satisfait de son autorité et de son importance, il m'a fait comprendre que je pouvais passer. J'ai tout rebalancé en vrac dans ma trousse de toilette me suis dirigé vaillamment vers la porte de sortie. Vive la liberté... J'avais entassé mes plaquettes d'or avec une bourre de coton au fond d'une boîte de poudre d'Akileine. Il ne l'avait pas suspectée. De toutes façons, aux rayons X, tout aurait été opaque.

J'étais, à mes propres yeux, le cador des cadors ! J'avais quand même les jambes un peu molles, je me suis reposé dans l'avion.

Une fois arrivé à Paris, j'ai téléphone à la soeur de ma pharmacienne et je lui ai remis les plaquettes d'or. Deux ans plus tard, Nguyen avait réussi à sortir du Vietnam, avec ses enfants ; elle est arrivée à Paris, saine et sauve. J'aurais dû l'épouser immédiatement, je ne l'ai pas fait, je suis le roi des c… Grâce à elle, une fois dans ma vie, j'ai fait preuve de courage.

Plus tard, je suis retourné au Vietnam ; j'y ai fait deux voyages en moto et j'en ai profité pour retourner à Vung-Tau. La maison de France où nous habitions a été transformée en musée local de "La Guerre Américaine". Le jour de ma visite, le musée était fermé, j'ai regardé à travers la grille du parc. Tout avait complètement changé. Le blockhaus avait été démoli, les communs détruits ; tous les souvenirs, toutes les marques de notre passage dans cette maison avaient disparu. Seul le grand corps de bâtiment était demeuré intact. Il avait toutefois était repeint d'un jaune criard d'assez mauvais goût, renforcé par de grandes banderoles rouges vif, sur lesquelles étaient rappelés les exploits des combattants communistes. Quant à l'hôpital, il avait tellement changé que, sur le coup, je ne l'ai presque pas reconnu. En 1975, il n'y avait que quelques bâtiments assez bas. Depuis, les Vietnamiens avaient érigé de nouveaux bâtiments à multiples étages. Je n'ai pas osé rentrer, j'étais intimidé par tous ces Vietnamiens qui me regardaient avec une curiosité insistante, se demandant si j'étais russe ou américain.

La terre ne s'était pas arrêtée de tourner... La vie continuait. J'avais voulu venir au Vietnam à cause de ma mère. Elle y était née. Le Sud tombait, le Nord était complètement fermé, c'était ma dernière chance de voir cette terre. Le monde occidental était persuadé que le rideau de fer allait tomber et que ce pays tomberait sous le joug communiste à jamais... Nous avions bien tort. Après la chute de Saigon, le pays se ferma, certes, mais pas définitivement. Mais je n'ai jamais regretté d'y avoir été en 1975. Il fallait que j'y sois.

Arithmétique : les Français ont perdu 40 000 soldats de 1945 à 1954, date du retrait français ; les Américains ont eu 58 000 morts entre 1954 et 1972, date de leur retrait ; les Vietnamiens ont perdu 3 000 000 de personnes durant ce qu'ils appellent la Guerre américaine. Ils ont payé très cher leur indépendance. Si l'avion de Leclerc n'avait pas été saboté, les choses se seraient passées bien différemment. Qui sait ?

Ils avaient éliminé le maréchal Leclerc ; ils avaient tué celui qui fut le meilleur des meilleurs. Celui qui, aux yeux du monde, représentait, peut-être plus que de Gaulle lui-même, une certaine noblesse, un vrai courage, une image de la France combattante. Il était aux côtés de Mac Arthur lors de la reddition japonaise. C'est une image qui en dit plus que cinquante volumes. On en a fait un "Maréchal de France" à titre posthume. La belle affaire ! Ses assassins sont morts dans leur lit, l'esprit tranquille, leur conscience satisfaite. Les salauds dorment en paix.

Finalement, la France aura perdu l'Indochine parce que c'était un bien trop gros morceau. Trop grand, trop loin. Après la Seconde Guerre mondiale, la France avait été réduite d'un état de grande puissance à un état de semi puissance. Les jeux étaient faits avant que la partie n'ait commencé. C'est l'invasion japonaise qui avait déclenché le processus de révolte et de guerre armée. En 1940, les révoltés vietnamiens avaient eu à combattre et les soldats japonais et les soldats français. C'est là que la France perdit l'Indochine. La suite ne fut plus qu'une longue et pénible retraite ponctuée de batailles inutiles. Les morts pour l'Indochine ont bel et bien été sacrifiés sur l'autel de la grandeur de la France, orgueil chauvin d'une poignée de coloniaux.

Imaginons un scénario différent. Rétrospectivement, une alliance entre les forces françaises et les forces nationalistes d'Ho Chi Minh contre l'envahisseur japonais n'aurait-il pas changé le court de l'histoire ? Que se serait-il passé si le gouverneur français d'Indochine, faisant à la fois preuve d'imagination, de courage et de créativité, avait été voir l'oncle Ho et ainsi sceller une alliance naturelle contre l'ennemi commun ? La bataille aurait été certainement difficile, mais quel honneur ça aurait été pour la France de protéger ses ressortissants contre les exactions nippones. Mais l'administration coloniale ne prend ses ordres que de Paris et suit les directives du général Pétain. Il aurait fallu un de Gaulle pour sauver l'Indochine. Nos coloniaux se sont couverts de honte en cachant leur couardise derrière des discours pompeux en parfaite résonance avec les discours collaborationnistes de la France de Vichy. La grandeur de la France est morte en 1940, ses funérailles eurent lieu à Retonde, dans un wagon de chemin de fer, quand le général Weygand signa l'armistice et serra la main d'Adolf Hitler.

Durant mon périple motocycliste, j'ai fait la route de Saigon à Hanoi, une sorte de pèlerinage sur le lieu de naissance de ma mère. Arrivé à Hanoi, j'ai parcouru la ville dans tous les sens à la recherche de quelques images perdues corroborant les souvenirs familiaux. Je n'ai rien retrouvé. Mais j'y ai reconnu une ville très française… Surtout sa prison, datant du temps de la colonisation française.

Alors incidemment, il faudrait demander au gouvernement vietnamien pourquoi seule la partie de la prison qui servait à garder les prisonniers de guerre américains, – le *Hanoi Hilton*, comme on l'appelait –, avait été démolie, et pas la partie de la prison française. Sommes-nous bêtes ? C'est juste une question de propagande ! Dans le fameux *Hanoi Hilton*, ils faisaient souffrir les prisonniers américains, alors que dans la prison française, les Français faisaient souffrir les prisonniers vietnamiens... Et si l'on en croit les différentes pièces exposées dans le musée qui a été construit dans cette prison, ils n'y étaient pas allés avec le dos de la cuillère non plus. Les bas flancs sur lesquels dormaient les prisonniers politiques et les entraves communes qu'on leur plaçait aux chevilles devaient être carrément insupportables.

7

STÉPHANE ET MIGUEL

Mes oncles. Ils se connaissaient aussi bien qu'ils se détestaient. Les deux étaient de belles crapules, mais de manière fort différente.

Stéphane, le frère de ma mère, était une crapule pittoresque, le genre de malfrat que l'on retrouve sur les champs de foire, la casquette de travers, le maillot de corps sali par la sueur. Le genre de type qu'on retrouve au petit matin éventré d'un coup de couteau, mourant dans le caniveau, ou, au mieux, dans une de ces officines d'embauche de la légion étrangère. Il m'a d'ailleurs tellement parlé de Sidi Belabes, l'ancien siège de la légion étrangère en Algérie que, tout bien réfléchi, il se pourrait bien que Stéphane se soit engagé quelques temps dans la Légion. Miguel, quant à lui, était véritablement plus dangereux, sinistre, évoluant dans la haute société, sapé comme un prince, gardant les mains propres, ne se commettant surtout pas en public avec un voyou du gabarit de son beau frère.

Revenons à Stéphane, justement. Petite saloperie. Il avait réussi à baratiner puis à épouser Denise, le maquereau. Forcément, la première chose qu'il fit dès qu'il fut bien installé dans la famille fut de faire chanter son grand beau-père ! Faut-il rappeler que Léon Simon s'était fait au Brésil la spécialité de ne pas payer d'impôts ? Pourquoi ne pas continuer ce petit jeu en France ? C'est bien là l'objet du délit. Stéphane, fouinant partout comme à son habitude, subodora une légère odeur de fraude. Léon Simon n'est pas encore mort, il vit à Paris et c'est le réveil, un peu tardif, de l'État brésilien qui est la raison de son retour en France. Il mourra en 1932. Ceci donne à Stéphane deux ans pour le faire chanter, puisqu'il épousa Denise en 1930. Le vieux Simon avait dû vieillir bien vite ou peut-être était-il déjà très diminué, car je ne vois pas ce conquérant céder si vite à un petit malfrat. Ou alors Stéphane a découvert un squelette géant dans le placard de l'ancêtre. Ou encore, Denise, sous la coupe de son cher mari, s'est temporairement faite la complice de Stéphane. Elle connaissait tout des affaires de son grand-père... Léon vit à Paris avec toute la famille Cahen qui s'est repliée de Bordeaux après l'assassinat de Robert Cahen, dit

Robert-le-malpropre. Ils vivent tous ensemble dans un grand appartement rue George Sand dans le 16ᵉ arrondissement. Luxueux, mais déjà moins cossu que la propriété de Castillon… Stéphane leur prend un peu plus d'argent. Elle est très bien, la famille Cahen : on passe et on se sert…

C'est vers cette époque que Stéphane-la-crapule va présenter sa sœur Jacqueline, ma mère, à Miguel Cahen, dandy dévoyé et calculateur machiavélique, digne héritier en cela des défauts de son père mais aussi de l'intelligence calculatrice de son grand-père..Pour resserrer les liens familiaux, rien de telle qu'une double alliance. Jacqueline était mal barrée.

Voyez plutôt comment se déroula notre première rencontre au Brésil.

Nous sommes en 1976, c'est mon deuxième voyage au Brésil. Lors de mon premier voyage, en 1972, je n'avais pas rencontré mon oncle Miguel. Mais cette fois-ci, j'étais venu à la demande de mon père, pour essayer de rétablir un semblant de dialogue avec Miguel, après qu'ils se fussent intentés mutuellement toute une série de procès, soit au Brésil, soit en France. Je suis supposé convoyer un message de paix… Tout un programme. L'affaire fut finement négociée par ma tante Régine et ma cousine Silvia, la fille de Miguel. Elle habitait à Cabo Frio, tout près de chez son père. Elle m'accompagna très officiellement chez ce dernier. J'avais l'impression d'être un ministre plénipotentiaire en délégation chez l'ennemi pour signer un armistice, après la cessation des combats. Miguel vivait bien, voire très bien. Ce n'était guère étonnant vu tout l'argent qu'il nous avait détourné, pendant comme après la guerre. Entre le portail d'entrée de la *Faezanda* jusqu'à la résidence principale, nous avions couvert six kilomètres de plantation de bananiers nains, dont *Petrobras* extrayait l'éthanol pour le mêler à l'essence… ça marche très bien, paraît-il.

À ma grande surprise, je me suis retrouvé face au sosie de mon père. Même voix, même gestuelle, presque même taille. Toutefois, Miguel avait le crâne un peu plus dégarni que Roland. Sans cela, c'était son portrait tout craché ! Cela me fit même sourire… Bonjour la famille ! Il a dû croire que je me foutais de lui, à sourire bêtement comme ça. La première fois que je l'avais rencontré, j'avais tout juste huit ans, c'était la fin de la guerre. Vingt-six ans s'étaient écoulés, depuis. Je ne me rappelais plus du tout sa tête. Avant même que je ne puisse faire les salutations d'usage, il attaqua immédiatement :

- Ah mon cher Claude, je suis bien content de te voir !

Jusqu'ici, tout va bien. Mais il continua derechef :

- Il faut que tu saches que ta mère était une danseuse de beuglant, une dame de très petite vertu. Elle était ma maîtresse. Ton salaud de père me l'a piquée et depuis c'est la bagarre entre nous.

Texto ! Merci mon oncle...

Je jure sur la tête de mes enfants que ce que j'écris est la vérité absolue. Je ne lui ai pas mis ma main sur la figure, j'aurais peut-être dû. J'étais trop abasourdi, interloqué par la brutalité de l'attaque. Je suis resté là, debout, devant la porte, pantois, sans réaction. Aujourd'hui encore, je m'en veux. J'aurais dû lui voler dans les plumes, lui casser la gueule, lui écraser la tête à coups de talon, l'étriper, lui arracher les yeux à la petite cuillère, le pendre par les couilles et l'étrangler avec ses tripes… Hélas, je n'ai rien fait. Pas tellement par faiblesse, surtout par surprise. Il m'assenait une vérité première qui faisait s'écrouler mon monde de grand enfant naïf. Ma mère n'était donc pas une sainte ! Révélation des révélations, vérité des vérités. Ce n'était pas une sainte.

Je suis reparti avec Silvia, elle aussi bien embarrassée par cet incident. Nous n'avons pas dit un seul mot de la soirée et je n'ai plus jamais revu l'oncle Miguel. Un homme plein de tact, aimable, affable, poli, conciliant et animé de bonnes intentions. Il mourut en 1987.

Ma mère, Jacqueline Salabelle fut une danseuse de beuglant. On ne va pas en faire un réveillon ! J'en suis même assez fier car, par la suite, elle n'a jamais eu honte de son passé de danseuse. Elle était ce qu'elle était et l'assumait parfaitement. C'est mon crétin de père qui lui en a fait honte, après. C'est ce vieux Tartuffe qui l'a poussée à s'inscrire dans une école d'infirmière, car infirmière, c'est un métier « bien ». Présentable aux tiers. Un métier où l'on se tue à la tâche, mais où l'on devient respectable. C'est très important, la respectabilité, quand on s'appelle Cahen. J'aurais préféré que ma mère continuât à jouer de la gambette dans un burlesque plutôt que d'écouter les sournoiseries de son mari.

L'était pas que con, Roland… Il savait se servir de sa tête pour convaincre et manipuler les plus récalcitrants. En tant que son fils, j'en sais quelque chose. Quand il a rencontré Jacqueline, il avait treize ans, vers 1926. Il était déjà obsédé par les bonnes femmes et leur cul. Il avait dû passer trop de temps avec son père à voyager dans les landes et écouté ses confidences... Robert Cahen lui avait certainement raconté des histoires de bonnes femmes et ça avait déteint sur son fils. Il est devenu comme son père : obsédé sexuel.

Jacqueline sortait déjà avec Miguel, elle devait avoir dix-neuf ou vingt ans. Miguel devait y trouver son compte, car sans cela, il ne serait pas resté avec elle.

Roland, toute sa vie durant, a toujours voulu nous faire prendre des vessies pour des lanternes. S'il nous a décrit Jacqueline comme une petite sainte, c'est certainement une contre-vérité. Corroborée par cette sortie de Miguel, affirmant que Jacqueline était sa maîtresse avant d'être l'épouse de mon père. Roland hait Miguel, Miguel le lui rend bien. Miguel sort avec Jacqueline, Roland n'a plus qu'un seul but dans sa vie : lui piquer Jacqueline. Mon père me l'a même avoué. C'était devenu son obsession. Aux yeux de Roland, Miguel était le diable en personne... Il fallait délivrer Jacqueline des mains de ce monstre. Je ne sais comment il s'y est pris, je n'ai jamais réussi à obtenir de détail sur cette affaire. Loi du silence oblige. Il est des sujets dont on ne discute pas. Je suppose qu'en tant que grand baratineur devant l'éternel, il a su convaincre Jacqueline qu'il valait beaucoup mieux que son frère. Des palabres, des promesses ; des promesses, des palabres... et bien sûr, déblatérer sur l'ennemi, casser sa réputation... la chose était aisée, Miguel était une crapule... ne l'avais-je pas déjà souligné ?

Passons. Il réussit à la convaincre, elle succombe à son charme... et, bien des années plus tard, mon frère aîné, Jean-Pierre, naît à la Tronche en 1934, alors que Jacqueline faisait son école d'infirmière et Roland son service militaire dans les chasseurs alpins. Mon frère est né alors que Roland et ma mère n'étaient pas encore mariés. Ils n'avaient pas convolé en justes noces avant la naissance de Jean-Pierre pour deux raisons. À cause de Stéphane, d'abord, et de Miguel, ensuite. La conjuration des beaux-frères ennemis.

On sait déjà que Stéphane Salabelle s'était trouvé une bonne planque en épousant Denise. Il faisait chanter la famille Cahen à propos de quelques oublis dans les déclarations fiscales de Léon et divorçait de Denise. Il y avait de l'eau dans le gaz entre les Brésiliens et les Indochinois. Roméo et Juliette avaient les Montaigu et les Capulets. Roland et Jacqueline avaient leurs Cahen et leurs Salabelle. Ça sentait la poudre et les Salabelle n'étaient pas en odeur de sainteté chez les Cahen. Ajoutons à cela Miguel qui rajoutait son grain de sel en détruisant la réputation de ma mère.

Jacqueline ci, Jacqueline ça… La même chose qu'il déblatérait cinquante ans plus tard.

Le divorce entre Denise et Stéphane avait parachevé la cassure entre les familles Cahen-Simon et Salabelle. La famille Cahen, rentrant au Brésil sans Roland, garde une sacrée rancune contre les Salabelle. Plus tard, quand durant la guerre le besoin d'aide se fera brûlant, nous ne reçûmes jamais rien d'aucune famille, trop de haine ayant brisé les liens sacrés de la famille. Rien, zéro, nib de ber, zip.

Deuxième partie

DÉCONNECTIONS

8

LA SUISSE

Ainsi, en 1937, la famille Simon-Cahen était repartie au Brésil sans Roland. Celui-ci était resté à Paris, chez un de ses amis, Alex Nahon, mort sous les drapeaux, au début de la Seconde Guerre mondiale. Roland faisait des maths. Il avait préparé les concours, comme ses cousins Georges et Charles Neu. Eux furent reçus à l'école Polytechnique. Roland ne fut reçu à rien du tout et changea son fusil d'épaule. Il se lança dans l'étude approfondie de l'allemand. Il m'a dit avoir passé une agrégation de philologie allemande... Il voyagea beaucoup : l'Allemagne, l'Autriche, la Suisse... Cette période de sa vie personnelle est particulièrement floue.

Quand le reste des Cahen est retourné au Brésil, il y a urgence : grâce à la voix de Roland qui, bien sûr, a voté contre son frère Miguel, la direction des opérations au Brésil est revenu à Henri Neu, mari de Seureth. Dès la mort de Léon Simon, en 1932 Henri Neu était reparti à Rio. Il était devenu le fondé de pouvoir de la *Saneamento*. La guerre sera juteuse... L'économie brésilienne reprendra de plus belle, la *Saneamento* va refleurir.

Roland-le-pleutre reste en Europe et joue à se faire peur, tout seul. Son égocentrisme débridé le sépare du reste de la famille. Il se veut différent et ne veut plus rien avoir à faire avec eux. Il commence alors une série d'aller et retour entre Paris et l'Autriche où il avait laissé Jean-Pierre, et entre la Suisse et Antibes, où je crois que Jacqueline s'était réfugiée avec sa mère

Une anecdote amusante : Roland s'était lancé dans la traversée des Alpes à pied, entre la Suisse et l'Italie, pour rejoindre Antibes. Et ceci juste après l'assassinat de l'archiduc de Yougoslavie, très peu de temps avant la guerre. Les Italiens l'ont pris pour l'un des suspects et mis au secret près de Gêne. Je ne sais pas comment il s'en est sorti. Il arriva à Antibes avec trois mois de retard...

En 1939, à la déclaration de guerre, Roland est mobilisé dans une unité d'artillerie de montagne, à Grenoble, en tant que maréchal des logis. Il est en charge d'un canon de 75 et de quelques mulets, pour le tracter.

Lorsque les vraies hostilités commencent après la fin de la drôle de guerre, on l'envoie se mettre en position avec son canon à Soissons. Quand ils sont arrivés à destination, trois semaines plus tard, les Allemands défilaient déjà au pas cadencé aux portes de Paris. Repli stratégique sur Poitiers, d'où ils seront démobilisés pour cause d'armistice.

Roland retrouve Jacqueline à Toulouse, où ils restent quelques mois. De là, ils vont à Montpellier où mon père décide de commencer sa médecine... Au bout de quelques mois, il est proprement viré de la faculté. À cause du quota juif... Cahen est un nom israélite, même si vous n'êtes pas pratiquant, vous êtes considéré comme tel. Bon débarras, s'est dit le Doyen de la faculté, ça en fera toujours un de moins. Je crois qu'il s'est fait casser la gueule à la fin la guerre.

Entre-temps, ma soeur Françoise est née à Montpellier le 7 octobre 1940. Peu de temps après son éviction de la faculté de médecine de Montpellier, Roland eut une idée de génie. Fait assez rare pour être souligné. J'oubliais de vous raconter que mon père était un sacré fumiste qui avait osé publier un papier s'intitulant *L'Absento-thérapie*, qui justifiait le fait qu'il ne travaillait qu'un mois sur deux... Rien que d'y penser, j'en attrape de l'urticaire. Revenons à son trait de génie. L'histoire du quota juif l'avait inquiété. Vichy, Pétain, Laval faisant des amitiés à Hitler... Il était plus que temps d'agir et de dégager le plancher. Il a donc envoyé Jacqueline et Françoise en Suisse, en train, comme si de rien n'était. Lui a retraversé la frontière, à pied, par les Alpes. Jean-Pierre, qui était en Autriche, les a rejoint un peu plus tard. Il devait avoir six ans. Déjà.

Nolens volens, il nous a sauvé la mise. Sans cela, je ne serais pas né et le reste de la famille se serait consumé dans les camps d'Europe orientale... Merci quand même, Papa, malgré ta folie tu as été un tout petit peu plus malin que le reste des Israélites de France. Il ne fallait tout de même pas être grand clerc pour ne pas les voir venir, ces vieux pourris avec leurs uniformes tout vert. « *Feldgrau* », ça s'appelle. Ils savaient pourtant lire le journal, les autres. Ils avaient tout de même eu quelques nouvelles de ce qui se passait déjà en Europe orientale, en Pologne, en Allemagne... Non ? Si. Ils étaient certainement au courant, mais ils se sentaient tellement assimilés, laïcs, intégrés et, au bout du compte, si peu juifs, qu'ils étaient certains que l'état français les protégerait. Jamais ils n'auraient pu imaginer l'absolue traîtrise de l'administration de Vichy. (Je hais l'eau de Vichy, je hais la ville de Vichy, je hais les Vichyssois et les Vichyssoises... De même que j'exècre Pétain et Laval. La ville de Vichy aurait dû être rasée à la fin de la guerre, rayée de la carte, car Vichy restera à tout jamais le nom le plus honteux de la langue française.) Indépendamment du fait que ce soit une très jolie ville où il fait bon s'y promener en cure et que les Vichyssois ne sont pour rien dans le choix qui a été fait de leur ville pour gouverner la France à cette époque, pas plus qu'ils ne sont responsables des décisions du maréchal Pétain. De tels raccourcis sont parfaitement dégueulasses et injustes, mais je ne peux pas m'en empêcher. C'est une question de tripes. J'entends Vichy, la nausée me monte aux lèvres.

Petite digression:

Après la guerre, quand j'habitais Paris, le nom nous qualifiant était « israélite » ; aujourd'hui, en 2005, je n'entends plus que le nom de « juif ». Il n'y a plus de différence entre la dénomination laïque et la dénomination strictement religieuse. Et cela a une cause : l'antisémitisme.

Le terme « israélite » porte en lui-même une connotation républicaine, un sens de citoyenneté, d'appartenance rationnelle à une nation. Cette dignité de citoyenneté est totalement évacuée dans le terme « juif » qui porte en lui-même une connotation religieuse, et sous-tend en cela une ouverture vers tous les fanatismes qui en peuvent découler. On n'est plus très loin du pogrom ou des camps. Il serait bon que la France se souvienne de son héritage napoléonien et républicain. Sous ces constitutions, une rigoureuse séparation de l'Église et de l'État permettait de faire la distinction entre israélite et juif. Que cette distinction soit gommée illustre le retour, à pas feutrés, de la bête immonde...

Fin de la digression.

Au reste la vie en Suisse, pendant la guerre c'était pas du sucre! Et encore moins du chocolat .

On y a bien crevé de faim... Quelle que soit la couleur de la peinture que l'on tente d'appliquer sur la prétendue neutralité suisse, il faut arrêter de déconner et de prendre des vessies pour des lanternes. La Suisse travaillait pour l'Allemagne durant la semaine et priait pour les Alliés le dimanche. Et encore, ils ne priaient pas tous !

La neutralité suisse n'est que poudre aux yeux et n'a existé que parce que tel était le bon vouloir d'Adolf Hitler. À l'encontre de toutes les conventions internationales, les Suisses laissaient passer les trains blindés de la Wermacht sur son territoire. Les convois traversaient la nuit, les portes des wagons étaient plombées, les renforts en blindés et hommes de troupe passaient par le Saint-Gothard pour aller renforcer les unités bloquant l'avance des Alliés en Italie. Et si *Oerlikon* tournait à plein, ce n'était pas pour équiper l'armée helvète. Adolf avait besoin de la Suisse. Ses réseaux avaient infiltré une bonne partie de la confédération. C'était devenu sa base d'espions et ça allait devenir la porte de sortie de tous les dignitaires nazis qui s'enfuirent en Amérique du Sud après la victoire des Alliés.

Malgré ce qui avait été appelé le « réduit suisse » – une série d'extraordinaire réseaux de défense construit à l'intérieur du massif alpin – , toute résistance aurait été inutile. La moitié de la population était déjà pro-nazie. Surtout au début de la guerre. Un *Anschluss* copie conforme à celui de l'Autriche aurait probablement divisé la Suisse en deux. Seule la partie francophone aurait opposé un semblant de résistance, mais rien de bien sérieux. Quoiqu'il en soit, c'est grâce à la Suisse que ma famille a survécu, et c'est bien ainsi. C'est certainement mieux que Drancy, sa gare et ses trains de « marchandises ».

Je suis né à Zürich le 7 décembre 1941, le jour de Pearl Harbor. Comme disait ma sœur, un accident n'arrive jamais seul. Mon père avait loué un petit appartement meublé, *Uetliberg Strasse*, au pied d'une colline, dans l'ouest du lac. J'ai retrouvé les quittances de loyer ! Tout y était compté, tout jusqu'au nombre de feuilles de PQ…

Au reste, c'est très beau la Suisse : plein de montagnes, de neige, des lacs et des banques… Plein de banques, dont les coffres regorgent des biens mal acquis de ce monde. L'arrière grand-père avait certainement fait quelques dépôts dans ces banques... Où est donc passé le pactole ? Où sont passés les fonds secrètement accumulés pendant ses années de gloire au Brésil ? La mémoire... je vous dis que c'est la mémoire. J'ai beau prendre ces petites pilules que mon médecin m'a tellement recommandées, rien n'y fait, je ne me rappelle plus de rien… Les banquiers du monde entier sont tous les mêmes. Ils profitent de l'argent des autres et sont toujours très réticents à se séparer des biens qui ne leur appartiennent pas. Les banquiers suisses plus que les autres. Ils se sont concoctés une loi toute particulière, spécifique à leur pays. On l'appelle le secret bancaire. Oui, me direz-vous, mais c'est très bien ça ! Oui et non. Le "secret bancaire" est une arme à double tranchant. Une fois que l'argent est déposé… il disparaît ! C'est l'équivalent de la loi de sauvetage maritime. Prise de mer égale prise de guerre. Le butin en quelque sorte. Les banques suisses, fortes de cette loi édictée soi disant pour protéger les déposants, se retrouvent investies d'un pouvoir exorbitant : celui de contrôler tous ces fonds, sans avoir de compte à rendre à personne. Il a fallu l'intervention récente et musclée de l'administration américaine pour commencer à débusquer une partie infime de tous les trésors déposés avant, pendant et encore après la Seconde Guerre mondiale.

Mais revenons à nos moutons. Nous voilà réunis en Suisse, plutôt mieux lotis que nos coreligionnaires européens. En Suisse aussi, il y avait des camps, mais c'était des camps de réfugiés. Pas de chambre à gaz, donc l'espoir d'en sortir vivant ! Quoiqu'on ait pu en dire, la Suisse était sévèrement contrôlée par les Allemands, et la plupart des Israélites qui s'y étaient réfugiés étaient placés dans des camps. La branche suisse du parti national-socialiste avait réussi à obtenir ce statut du gouvernement en place : ne pas mêler les réfugiés à la population locale. À moins qu'ils n'aient de l'argent ! Toujours l'argent.

Pour rester hors des camps de réfugiés, il fallait présenter patte blanche et avoir un compte en banque bien garni afin d'obtenir un permis de résidence qui n'était octroyé que pour une durée limitée. À chaque renouvellement, il fallait présenter un certificat de la banque témoignant de la présence dans le compte d'une certaine somme minimale, à peu près 500 euros d'aujourd'hui, si mes souvenirs sont bons. Ça paraît n'être pas grand-chose, mais quand on est totalement démuni, ça fait une sacrée somme. Quand on n'a pas le sou et qu'en plus on n'a pas le droit de travailler, on fait du noir et on tape les copains. C'est ainsi que tous les mois, Roland faisait la tournée des popotes, empruntait à tous ses copains l'argent nécessaire pour quelques jours. Le versait à son compte, faisait viser le carnet de compte par l'administration municipale et rendait l'argent quelques jours plus tard.

Et la riche famille du Brésil, alors ? La Suisse était un pays neutre. Le courrier et les virements bancaires existaient déjà. Absolument. Seulement Roland avait voté pour qu'Henri Neu devienne le fondé de pouvoir de la société. Henri Neu et pas Miguel. Henri Neu n'a jamais levé le petit doigt pour aider son bienfaiteur. Quant à Miguel, il avait prise sur toute la famille Cahen qu'il endoctrina contre mon père… Personne ne fit rien pour nous. J'ai vu des télégrammes que Jacqueline avait envoyé au Brésil, depuis Zürich. De véritables appels au secours qui restèrent sans réponse. Et puis j'ai lu des lettres aussi… Une de celles-ci, découverte par ma soeur après la mort de mon père, était écrite par ma mère à ma grand-mère, en 1942… Curieux, ça, qu'on retrouve une lettre de ma mère dans les papiers de mon père. Il l'aurait donc interceptée, cette lettre qui n'est jamais parvenue à sa destinataire... Ce vieux paranoïaque n'avait vraiment confiance en personne. Bien des lettres de Jacqueline finirent leurs vies « poche restante », dans les vestes de son mari. Ma grand-mère dut se faire un sang d'encre durant toue la guerre car elle ne reçut pratiquement jamais de nouvelles de sa fille.

Le contenu de cette lettre éclaire et illustre bien des événements de notre vie en Suisse... Elle est dans un train entre Zürich et Bales et explique à sa mère que, sur l'insistance de Roland et de son entourage – deux femmes suisses, gravitant constamment autour de lui –, elle m'emmène à Bales, pour me mettre en pension chez l'habitant. La situation à Zürich s'est considérablement dégradée, la nourriture manque, elle n'a plus la force de s'occuper de ses trois enfants. Il semblerait que je fus constamment malade: asthme, angines chroniques, défaut de croissance, etc. La situation n'est guère brillante. Elle rajoute que si elle a bien voulu se prêter à ce jeu, c'est uniquement parce qu'« on » (mon père et ses deux bonnes femmes) lui a promis que ma mise à l'écart ne durerait que dix jours, au plus. Promis, juré. Juste le temps qu'elle se remette. Elle indique également qu'elle n'est pas dupe, qu'elle sait qu'on lui a menti et, finalement, s'avoue totalement découragée. Elle en a assez de vivre au milieu de gens qu'elle ne connaît pas, qui parlent une langue qu'elle ne comprend pas. Elle veut rentrer en France, avec ses trois enfants, sans Roland ; elle est fatiguée de sans cesse se bagarrer avec lui. Mais les deux Suisses l'ont dissuadée de s'enfuir, lui racontant que si elle rentrait en France maintenant, elle serait envoyée, avec ses enfants, travailler dans les mines de sel de la Prusse. Dès 1942, en Suisse, on savait déjà que des choses pas très propres se déroulaient de l'autre côté de la frontière. On ne parle pas de camps de concentration, mais de mines de sel. Finalement, le secret n'était pas si bien gardé.

Quant à moi, je suis resté à Bales beaucoup plus longtemps que les dix jours promis à ma mère. Mais personne ne me l'a jamais avoué. Par la suite, j'ai su que j'avais fait ce que l'on appelle, en termes techniques, de l'hospitalisme. Après la fin de la guerre, nous avons quitté Zürich pour Genève où nous sommes restés six mois avant de repartir pour la France. Je devais avoir quatre ans. Depuis, j'ai oublié tout mon s*witzerdeutch* et j'ai appris le français vite fait !

Apres notre retour en France en 1946, nous avons reçu du Brésil une malle entière de nappes et de serviettes de tables... Humour brésilien : on n'avait pas eu de quoi bouffer pendant quatre ans. Ma soeur Françoise avait plus souffert de la faim que moi, elle avait fait du rachitisme. J'avais surtout souffert de la solitude, à Bales.

9

BELLEGARDE

Il y a des lieux qui, comme ça, vous marquent à tout jamais. Mon lieu, c'est la gare de Bellegarde. Elle restera toujours pour moi cet endroit de cauchemar que nous avons traversé à la fin de la guerre. Même encore aujourd'hui, rien que le nom de Bellegarde me fait suer d'horreur. Un peu comme Vichy. Il y a maintenant un pont d'autoroute qui, joignant les deux bords de la vallée, passe au dessus de cette ville maudite. Le simple fait de voir le panneau routier portant ce nom me donne le frisson, voire la nausée. Je m'en excuse d'avance auprès des habitants de cette charmante bourgade du Jura, ils ne m'ont rien fait, ils n'y sont pour rien.

Seulement, c'est dans la gare de Bellegarde, en 1945, que les passagers venant de Suisse et rentrant en France devaient changer de train. Ce n'était pas le bordel, c'était l'exode, pur et simple. Une véritable débâcle. Les gens se piétinaient, se bousculaient, couraient à droite et à gauche. Les passagers s'engueulaient, la foule se ruait d'un côté, puis de l'autre ; les douaniers essayaient de contrôler toute cette populace fatiguée, impatiente, assoiffée. Les comptoirs débordaient de valises, de fringues, de ficelles, de vieux papiers. L'impatience bouillait, les trains sifflaient, partaient sans attendre leur quota de passagers. Et les douaniers faisaient chier le monde... Pensez donc, tous ces gens qui rentrent de Suisse, de l'argent plein les poches et des montres en or cachées dans les bagages... La panique gagnait, les gens s'énervaient de plus en plus. Et les douaniers rançonnaient. Quiconque a visité un logement de douanier comprendra ce que je veux dire... L'administration ferme les yeux, les confiscations abusives font partie du métier. La panique atteint son comble quand un train venant du sud rentra en gare. C'était un convoi de prisonniers allemands qui venaient tout juste d'être libérés. Ils rentraient chez eux, bourrés comme des coings, complètement défoncés.

Bien qu'alors totalement inoffensifs, leur arrivée jeta un froid dans toute la gare. Ils braillaient fort, les salauds. Et pas tendres, avec ça. Ils ont l'alcool mauvais les Schleus ! Pourtant ceux-là ne rentraient pas de Stalingrad ou du mur de l'Atlantique. Ils avaient probablement été faits prisonniers au moment du débarquement en Provence et, depuis, ils cassaient des cailloux dans la plaine de la Craux. Ils avaient été bien traités, bien mieux que leur potes sur le front de l'Est, mais ils en voulaient, ils avaient l'alcool mauvais...

Et c'est là que je me suis retrouvé tout à coup tout seul, entouré d'une foule mouvante, seul, au milieu du quai, à moitié endormi. Titubant de fatigue, je m'étais aventuré sur le quai du train des soldats allemands. Le plus drôle c'est que je n'avais même pas peur, je n'étais pas né à Zürich pour rien ! Je jabotais le *switzerdeutsch* comme personne, le temps passé à Genève m'avait fait oublier pas mal de choses, mais je comprenais presque tout de leur esclaffements envinassés. Ils ont dû croire que j'étais un Boche, comme eux. Il s'en est fallu d'un poil que je me retrouve à Stuttgart... Dans la bousculade, je me suis senti brutalement soulevé. Mon père m'avait littéralement jeté par la fenêtre de notre train qui partait déjà vers le sud. J'ai atterri dans un compartiment, mon père continuait de courir. Il finit par s'accrocher à un marchepied. Dans ma poche, j'avais encore une montre que ma mère avait glissée et emballée dans un mouchoir. Le train quittait Bellegarde, nous étions tous ensemble. Il s'en était fallu d'un cheveu.

Quelques heures plus tard ma mère, à trente-huit ans, fit sa première attaque cérébrale. Les événements du jour l'avaient épuisée. Sa tension artérielle grimpa si haut qu'un vaisseau sanguin éclata dans le cerveau. Le train s'arrêta en rase campagne et un médecin venant d'Avignon monta à bord pour la soigner. Le chef de train nous installa, Jean-Pierre, Françoise et moi, dans un compartiment de première classe. Le roi n'était pas mon cousin... Une fois arrivés à Antibes, Jacqueline fut directement hospitalisée à l'hôpital de Biot.

Elle était enceinte de quelques mois, nous l'ignorions. Elle subit alors, chose tout à fait exceptionnelle à cette époque, un avortement thérapeutique... on a failli avoir un petit frère ou une petite soeur, qui sait ? Six ans plus tard, elle allait mourir de cette même hypertension artérielle.

Le rein qui lui restait se détériorait progressivement, il n'y avait rien à faire. Jacqueline se savait condamnée. Un médecin de Zurich lui avait déjà dit, à ma naissance en 1941, qu'elle avait un sursis de onze ans. Elle en a tenu dix, il faut reconnaître que le toubib suisse avait vu juste. Nous sommes restés à Antibes presque six mois, chez notre grand-mère, pendant que Roland terminait ses études de médecine à Marseille. Pour nous, les enfants, ce fut magnifique !

Puis, nous sommes remontés à Paris. Nous avons habité en 1946 dans une pension de famille, à Saint-Cloud. Je m'en rappelle un peu. J'ai surtout gardé le souvenir de la péritonite aiguë de Françoise. Bizarrement, c'est plutôt un bon souvenir. Tous les dimanches, on nous servait du ragoût de lapin, il n'y avait plus un seul chat dans le quartier... Je me souviens également d'un repas en grande pompe auquel Miguel, en visite en France, avait été invité. Tout le monde en avait fait grand cas. Nous avions déjeuné dehors et, à la fin du repas, tout le monde s'était mis à fumer des cigarettes de tabac blond. Ça sentait bon...

Après Saint-Cloud, nous avons habité dans le XVe arrondissement, rue Paul Baruel. Entre-temps, ma grand-mère Bertha était rentrée du Brésil avec ma tante Régine, les poches cousues d'or. Elles s'étaient installées dans le XVIe arrondissement, rue Henri Heine. Ma tante Gisèle était restée au Brésil avec Miguel. Par la suite, en 1947, nous avons loué un pavillon au numéro 11 de la Villa Seurat, dans le XIVe arrondissement.

10

BÉVUES BRÉSILIENNES

À la mort de Léon Simon, Henri Neu était devenu le fondé de pouvoir de la *holding* familiale au Brésil, en particulier grâce à l'intervention de Roland. Ce n'est que plus tard, sous la pression de sa mère, Bertha, que mon père retourna sa veste, se tira dans le pied et donna ses voix à Miguel qui devint ainsi le boss de la compagnie... Ultra gaffe.

À la tête de la compagnie familiale, Miguel va enfin pouvoir faire la preuve de son immense talent d'escroc et largement profiter de la Seconde Guerre mondiale. Après la fin des hostilités, dans les années cinquante, il commença à faire chanter Bertha. Sous le fallacieux prétexte qu'il avait bien protégé les biens de sa mère et fait fructifier son capital, il lui demanda d'augmenter sa part d'héritage jusqu'à cinquante pour cent.

Au détriment de son frère et de ses sœurs, bien sûr... Sa mère refusa, ce qui mit Miguel dans une grande colère. Il la menaça de ne plus s'occuper de ses affaires. Bertha demanda de l'aide à Roland qui organisa un conseil de famille pour établir un plan d'attaque contre cette tentative ouverte de captation d'héritage. Le plan fut le suivant : Bertha, en tant qu'actionnaire majoritaire de la *Saneamento* – elle détenait plus de 58% du capital, avait le droit de demander la démission de tous les directeurs, au nombre de cinq, et par la suite de n'en re-élire que trois en changeant simplement les statuts de la société. Miguel, dans ce scénario, aurait été mis sur la touche.

Aussitôt dit aussitôt fait mais, comme à son habitude, Roland s'abrite derrière sa mère et ne va pas au Brésil pour régler ses comptes avec Miguel Et lui dire enfin en face ses quatre vérités. Miguel, bien sûr, n'est pas dupe de la manœuvre et comprend bien que c'est Roland qui se cache derrière ce coup d'état. Il intente donc un procès à toute sa famille : sa mère, ses sœurs, et bien sûr, Roland, *in solidum*. Le génie de Miguel, dans cette affaire,consista à intenter ce procès en France, à Paris, et non pas au Brésil, pour « rupture abusive de contrat ». Il savait que le code français lui serait éventuellement plus favorable, car la loi brésilienne est extrêmement précise à ce sujet : les actionnaires ont parfaitement le droit d'évincer un directeur si tel est leur bon vouloir. Par ailleurs, Miguel n'a pas été évincé de son poste, celui-ci a été supprimé, ce qui est parfaitement légal au Brésil. Le tribunal parisien, contre toute attente, se déclara « compétent en la matière ». Pourtant, la *Saneamento* est une société brésilienne dont le siège est basé à Rio de Janeiro. Elle ne possède aucune succursale en France, Miguel est citoyen brésilien, tout comme sa mère, d'ailleurs. Pourquoi une cour de justice française se déclare-t-elle compétente sur cette affaire ? J'ai lu et relu le dossier, les argumentations des avocats, la décision des juges, je n'ai toujours pas compris. Toujours est-il qu'ils ont condamné la famille Cahen à payer deux millions de francs à Miguel, plus les dépends... Il en avait demandé dix. Bertha doit également céder à Miguel un nombre important d'actions de la *Magnesita*. Et il est réintégré à la direction de la *Saneamento*.

Un à zéro pour Miguel, la balle au centre !

Et ma question demeure : de quoi se sont mêlés ces juges français ? Auraient-ils été corrompus par quelque manœuvre de mon oncle Miguel ? Le résultant aberrant de cette affaire est tellement énorme qu'on est en droit de se poser quelques questions... D'abord et en premier, il faudra m'expliquer pourquoi une cour de justice française se permet de réintégrer le directeur d'une société brésilienne.

La *Saneamento* possédait au centre de Rio une très large parcelle de terrain d'environ un hectare et demi, sur laquelle étaient construites des habitations à loyers modérés et bloqués. Un hectare et demi en plein centre d'une métropole moderne, quel que soit l'état des habitations construites dessus, ça représente un sacré pactole. La compagnie avait décidé de construire un hôtel de dix-neuf étages sur l'avenue de l'Atlantico, une des plus belles avenues de Rio, qui longe la plage de Copacabana. Pour rassembler le capital nécessaire à une telle opération, la *Saneamento* décida de vendre cette très large parcelle, pour un prix totalement dérisoire, car le financement de l'hôtel se faisait pressant. Du moins, à ce qu'il paraissait. Il s'avéra que quelques mois après la vente de ce terrain, le gouvernement brésilien décida de libérer les loyers. Il s'avéra également que par l'intermédiaire de prête-noms, Miguel était l'un des directeurs de la société qui avait racheté cette parcelle à vil prix ! Roland va-t-il partir au Brésil pour demander des comptes à son frère ? Bien sûr que non, il reste à Paris, trop occupé par sa clientèle.

Deux à zéro pour Miguel, la balle au centre !

Toutefois, les fonds prévus pour la construction de l'hôtel n'étaient pas suffisants. On était arrivé au dix-septième étage, le plan en prévoyait dix-neuf. Qu'à cela ne tienne, on va rassembler du capital en vendant ce qui existe déjà à une autre compagnie... Rebelote : par l'intermédiaire de prête-nom, Miguel est un des directeurs de la société *Luxor* qui a racheté tous les actifs de la *Saneamento*... Et Roland ne bouge pas le petit doigt, demeurant à Paris, aux bons soins de ses malades.

Trois à zéro pour Miguel, l'arbitre siffle la fin du match par défaut de joueurs.

Il n'y a plus d'argent, la *Saneamento* n'est plus qu'une compagnie de papier, tout a été adroitement siphonné par Miguel et ses compères. Il aurait d'ailleurs eu tort de se gêner, puisqu'il savait pertinemment que Roland ne bougerait pas le petit doigt pour défendre ses intérêts ni ceux des siens... S'il a su profiter de la lâcheté de mon père, il a également manœuvré très adroitement avec sa soeur Denise qui a toujours été sa complice. Avant et pendant le procès. D'après des notes manuscrites retrouvées dans les papiers de Roland, il y aurait eu, à cette époque, de nombreux échanges entre Miguel et Denise. Denise a certainement joué un double jeu en informant, moyennant finances évidemment, Miguel des intentions familiales à son égard. Elle l'a probablement aidé à gagner son procès. Et Miguel a envoyé de l'argent du Brésil pour aller dormir dans un compte en Suisse. Comme on y revient ! Toujours la Suisse.

11

VILLA SEURAT

Un très joli nom pour cette belle petite impasse du XIVe arrondissement, créée peu de temps avant la guerre par un architecte du nom d'Hugler, apparemment élève de Le Corbusier. La plupart des maisons comprenaient des ateliers d'artiste avec de très hauts plafonds permettant de larges sculptures. Dans cette impasse, des artistes de grand renom y avaient établis leurs pénates.

Roland avait commencé par louer cette maison car elle était située près de l'hôpital Sainte Anne où il terminait sa spécialité de psychiatrie. Ils auraient mieux fait de le garder pour de bon... Plus tard, il achetât cette maison.

Mon frère, ma soeur et moi nous habitions tout en bas, mon père tout en haut, et c'était très bien comme ça. La terreur nous prenait quand nous l'entendions dégringoler les escaliers en gloussant ou chantonnant au rythme des marches : l'Inquisition s'approchait, Torquemada descendait du ciel. Il s'entraînait sur nous, probablement, essayait de débusquer quelque mensonge car, comme tous les paranos, il était persuadé qu'on lui mentait. Il se créait ses propres délires et s'inventait des raisons pour nous punir... Inévitablement, la baffe tombait, sur l'un ou sur l'autre.

Je crois que Roland haïssait Jean-Pierre, mon frère aîné. Il en était peut être jaloux... Ou alors il se sentait coupable de l'avoir abandonné en Autriche quand il était nourrisson. Ou alors, il lui en voulait d'être né. Oui, ça ressemblait fortement à de la culpabilité mal digérée. Jean-Pierre avait dix-sept ans quand notre mère mourut. Comme il était le plus âgé, c'est à lui qu'elle avait fait des confidences et avoué que, sans nous, ses enfants, elle aurait quitté Roland depuis bien longtemps. Elle le lui avait dit souvent. Mais, toujours, elle était restée pour nous protéger car elle savait bien qu'il devenait parfois fou à lier. Mais bien avant la mort de Jacqueline, mon père éprouvait un grave et inconscient besoin de châtier Jean-Pierre pour un oui, pour un non.

J'avais huit ans, nous devions être en 1949 et nous avions passé le début de l'été à la ferme du Col D'Aouetch, à Castillon-en-Couserans. Roland était venu nous chercher avec une Citroën, une onze normale, une traction qu'on lui avait prêté. On avait roulé toute la journée vers la cote méditerranéenne, on était tous crevés. Ce soir-là, on avait atteint la mer au Canet, près de Perpignan. Je me rappelle qu'il faisait déjà nuit, et que nous avions tous marché vers la mer, à la lumière des phares de la voiture. Mon frère devait avoir quinze ans. Un peu excité, il avait enlevé ses chaussures et comme, il était en short, il avait couru vers la mer pour se rincer les jambes et patauger en faisant grand bruit et moult gesticulations... Mal lui en prit : au milieu de ses sauts de joie, il avait osé « Oh,le petit saligaud » éclabousser son père... Totalement involontairement, bien sûr. Dans une crise de rage démentielle, Roland, excédé, l'a attrapé et l'a poussé dans l'eau avec une violence qui nous a tous pétrifié. Mon pauvre frangin s'est relevé, trempé comme une soupe, ne comprenant pas le cataclysme qui venait de lui tomber sur la tête. Et mon père l'a repoussé dans l'eau une seconde fois... Pauvre vieux ! Une nouvelle fois victime expiatoire de la folie du paternel. Je ne me rappelle pas s'il a pleuré mais je sais que j'ai eu la trouille... Je crois bien que j'ai pleuré un peu devant tant d'injustice et de méchanceté.

Qu'est ce qui pourrait expliquer cette rancœur, cette hargne, ce désir de destruction que Roland éprouvait envers son fils aîné ? Car il a fait son possible pour l'esquinter, l'annihiler, le punir, le châtier, etc. Simplement parce qu'il était là. Qu'est-ce qui a détraqué mon père à ce point là ? Rien que pour ce qu'il a fait subir à Jean-Pierre, Roland aurait dû être châtié à son tour. Envoyé au bagne.

Jean-Pierre s'est vengé comme il a pu, il a utilisé les armes que son père lui avait inconsciemment procuré : une femme. Un jour, il est parti s'installer avec la petite amie de Roland. Celui-ci a failli en faire une jaunisse. À l'époque, ma soeur et moi étions en pension loin de Paris. Cela nous a protégé de ces turpitudes.

Ma mère mourut le 8 août 1951. Au mois de juillet, j'avais été envoyé dans un camp de louveteaux. On campait dans une ferme à Courseul-sur-mer, tout près des plages du débarquement. Le jour, nous jouions dans les blockhaus de la plage, le soir on dormait dans de la paille. Tous les soirs, paille oblige, je faisais une énorme crise d'asthme... Tous les jours, j'écrivais à ma mère de venir me chercher, j'avais le cafard. Pourtant, on nous traitait très bien, les cheftaines faisaient tout leur possible pour nous rendre la vie agréable, au point que je m'étais entiché d'une des adjointes. Elle était Suisse, de Zurich. Mon asthme et ma naissance helvète avaient dû la toucher, j'étais devenu l'objet de toute son attention... J'avais 9 ans et demi. Tous les soirs, je pleurais. Ma mère me manquait. Certainement un pressentiment. Toujours est-il qu'un beau matin, mon père et ma mère sont venus me chercher. Fini le camp, adieu Ursula. Ils m'emmenèrent à Cabourg, où nous sommes restés quelques jours. Puis, nous sommes rentrés à Paris, ma soeur allait rentrer de son camp d'été, elle aussi.

Quelques temps plus tard, nous avions prévu de partir en ballade dans la vallée de Chevreuse. Le but de cette promenade était de trouver une fermette pour les vacances d'été de mes parents et pour les week-ends à venir. Le temps tournait à l'orage, il faisait gris et lourd, mais pas vraiment chaud pour un mois d'août.

Nous possédions une 203 Peugeot que mon père remisait dans le garage Horizon de la rue de la Tombe-Issoire. Il devait être une heure de l'après-midi quand il me demanda de l'accompagner pour aller chercher la voiture au garage. Alors que nous revenions du garage et remontions l'impasse pour aller chercher Jacqueline et ma soeur, je les ai vues sortir de la maison. Ma mère semblait avoir quelques difficultés à fermer la porte à clef. Enfin, elle se retourna et se mit à marcher à l'aplomb de ma soeur, en direction de la voiture. Elle nous faisait face en marchant, je la regardais intensément car elle paraissait tituber. J'eus l'impression qu'elle perdait un gant, les mouvements de ses doigts étaient désordonnés. Puis son visage devint asymétrique, tordu dans une espèce de rictus qui se voulait un sourire. Roland ouvrit la portière de la voiture et dit quelque chose comme « ça va ? » Avec une certaine urgence dans le ton. Ma mère eut comme une sorte de sanglot et répondit : « Oui, oui, ce n'est rien. » Elle s'assit et s'affaissa immédiatement contre le tableau de bord. C'est là que je compris que quelque chose de très grave se produisait. Ma mère venait de sombrer dans un coma irréversible. Roland la sortit de la voiture, elle était déjà molle et inconsciente. Après tout est trouble, ma mémoire se brouille pour quelques instants… Il me semble que j'ai aidé mon père à remonter Jacqueline dans sa chambre. Je l'ai entendu appeler un de ses amis, professeur à la Faculté. Je me rappelle l'avoir vu arriver, très vite d'ailleurs, l'air soucieux, une grosse serviette en cuir fauve à la main.

Ma tante Régine est venue nous chercher et nous a conduit chez elle, sous une pluie battante. Elle roulait en deux chevaux. À l'époque, il n'y avait qu'un seul essuie-glace. La place avant droite était absolument aveugle. Il pleuvait si fort qu'à quatre heures de l'après-midi, les gens roulaient avec leurs phares allumés. Régine essayait de ne pas pleurer et nous racontait des balivernes... On essayait d'y croire. On avait déjà vu ça dans le train ... alors peut-être que cette fois-ci aussi... Nous avons dîné chez tante Régine et puis vers onze heures du soir, elle nous a ramené à la maison. Tout était noir et silencieux... Sans que personne ne nous ait rien dit, nous savions. C'est le lendemain matin que mon père vint m'annoncer officiellement la mort de ma mère. C'était fini.

Et pour nous, le temps des grandes misères commençait. Avec le recul, les mauvais souvenirs s'estompent, s'amenuisent, s'éteignent. S'il en reste, ce sont les moments très forts, ceux qui vous rentrent dans la chair, ceux qui, au détour d'une odeur, d'un bruit, d'un son, d'une musique, vous frappent en pleine figure. Ces souvenirs-là vous arrêtent dans ce que vous êtes en train de faire et vous coupent le souffle. Ils vous envahissent de peine, de chagrin. Ils vous prennent et vous étreignent le cœur.

Après la mort de Jacqueline, aucun d'entre nous ne fut plus tout à fait le même. Pour éviter de trop souffrir, j'ai recréé mon univers sous l'angle du rationalisme. Toute métaphysique, toute croyance en Dieu en était exclue. Je faisais le raisonnement inverse de Pascal concernant l'existence de Dieu : ou bien Dieu existe et ce n'est qu'un absolu salopard, un super-dégueulasse qui joue avec l'humanité entière ; ou bien il n'existe pas, et c'est beaucoup mieux comme ça ! C'est ce qu'on pourrait appeler l'hypothèse optimiste.

Je suis donc athée et je me suis fait ma propre religion : le monde est rationnel, profondément, intensément rationnel. Tout est noir ou blanc, il n'y a pas de place pour le gris... Je déteste toutes les dérives plus ou moins irrationnelles, je suis un Jacobin de la pensée, un terroriste du parapsychologique. Je déteste les religions, je me méfie des dogmes, je ne crois pas aux bénéfices proclamés de cette pseudo-rationalité que l'on appelle la psychanalyse, je suis un sceptique... L'explication rationnelle du monde est devenu ma Bible.

Très jeune, j'ai essayer de me blinder contre la tristesse... Après la mort de ma mère, j'ai essayé de l'effacer de ma mémoire. Je n'en parlais plus. À personne. Je m'interdisais de m'attendrir sur mon sort. Mes petites camarades d'école avaient décidé que j'étais un sans-cœur et me l'avaient bien fait comprendre. Un jour, l'une d'elles m'avait vicieusement demandé si j'étais triste que ma mère soit morte. Elle savait bien que cela venait de se passer. Et je lui ai répondu « Non » en la regardant bien droit dans les yeux... Ma réputation fut immédiatement établie pour le reste de l'année.

J'avais conservé dans un grand tiroir, au milieu d'un fouillis indescriptible, toutes ses lettres, toutes ses cartes postales. Un jour, je les ai toutes déchirées et jetées au panier. J'étais en colère, je lui en voulais de nous avoir quittés, je ne lui pardonnais pas. Nous ne serions plus jamais protégés du grand méchant loup.

À l'école, je n'étais pas complètement nul mais je n'en coinçais pas une rame. J'avais trop de chose en tête, je rêvassais continuellement. Ma vie était devenu un long film d'action dont j'étais le héros improbable. Parfois, j'entendais une phrase, quelques mots que je retenais inconsciemment comme une éponge retient de l'eau. J'ai pu accumuler ainsi quelques connaissances rudimentaires.

Mon don de rêverie surpassait toutes mes facultés de concentration. Je m'étais fait un monde à moi, au gré de mes lectures ou de mes rêves éveillés. Un jour, j'étais Tarzan et ma suite simiesque m'initiait aux dangers de la jungle africaine. À partir d'un immense tronc d'arbre que mes amis les gorilles avaient déraciné, je creusais des pirogues entières, tout seul, en deux temps trois mouvements et j'emmenais Jane vers des contrées lointaines et grisantes dans une aventure épique alors que le problème d'arithmétique restait en panne. Le lendemain, alors que je me faisais réprimander pour ma note lamentable, j'étais déjà Saint Éxupery aux commandes d'un P.38, ferraillant avec les meilleurs chasseurs que les Allemands pouvaient m'opposer. Je les détruisais, les envoyais en enfer. Un, puis deux, puis trois à la fois, le feu, la mitraille, les explosions, la victoire enfin... Et la gifle du prof qui me tombe sur la gueule, comme une douche froide, en plus douloureux... Vive St Ex ! Vive le rêve rédempteur, vive la fuite... À bas les vilains profs ! Baste ! Ils n'étaient pas tous si méchants. Seulement indifférents.

J'ai aussi quelques bons souvenirs... Madame Le Bihan, en classe de 7e à l'école alsacienne, entre autres... C'était une grande dame, assez distinguée et moins indifférente que les autres. J'avais fait une rentrée tardive à cause de la disparition de ma mère. Je ne me rappelle plus ce que j'ai pu faire au mois de septembre... Quand j'étais rentré en classe pour la première fois, elle m'avait présenté aux autres élèves d'une façon assez sympathique et elle avait eu le bon goût de ne pas faire une tartine au sujet de l'événement qui causait mon retard. Je ne l'aurais pas supporté.

Je me rappelle aussi d'une professeur d'histoire que j'avais en 6ᵉ : Mlle Tramond. C'était une grande fumeuse, son haleine empestait la Gauloise. Elle était très laide mais elle m'avait à la bonne. Elle devait me trouver mignon ! Quand elle me parlait, elle approchait son visage du mien si près qu'en essayant de la regarder, elle me faisait loucher. Elle avait des dents dégueulasses, jaunies par le tabac, son haleine putride m'envahissait, je me détournais instinctivement...

Par la suite, avec la croissance, une fois que les corps et les esprits se furent un peu endurcis, la vacherie de certains profs devient moins insultante mais pas plus acceptable pour autant. Je me suis vite retrouvé placé en pensionnat. Ma sœur aussi, d'ailleurs, mais nous étions séparés. Moi, chez les garçons, et elle, chez les filles, comme il se doit. Avant de m'envoyer en internat, mon père avait essayé de me faire intégrer Henri IV, lycée parisien situé derrière le Panthéon, dans le cinquième arrondissement.

Un matin, je devais avoir entre douze et treize ans, mon père me pria de venir le rejoindre dans son bureau et me tient un petit discours sur la nécessité d'aller m'inscrire moi-même dans ce fameux lycée.Moi-même ? lui avais-je demandé, conscient que les inscriptions scolaires se font, d'abord et avant tout, par les parents. Enfin, dans les familles normales. « Oui, toi-même. Tu diras au proviseur que je suis très occupé et que je n'ai pas le temps de m'occuper de ton inscription ! » Gasp. Je suis parti vers le lycée Henri IV, peu motivé, humilié d'avance et couvert de honte à l'idée de devoir expliquer que mon père n'avait pas le temps de m'inscrire au lycée.

À ma grande stupeur, le proviseur a accepté de me recevoir. Il m'a reçu très dignement et courtoisement, et m'a, bien sûr expliqué, en termes choisis, que ce genre de démarche était, quelles que soient les circonstances, toujours effectuées par l'un des parents. Je lui objectai que ma mère étant décédée et mon père très « occupé » – certainement à se taper une patiente dans son bureau, mais je ne pouvais pas dire ça au proviseur –, j'étais bien obligé de faire ces démarches moi-même. Je m'étais déplacé en pure perte et le savais pertinemment. Toutefois, j'ai perçu dans l'attitude et le regard de ce proviseur qu'il avait compris que quelque chose ne collait pas dans le petit tableau familial que je lui avais présenté. Il refusa de m'inscrire dans son établissement, mais le fit en des termes très polis, courtois et respectueux. Je sentais bien qu'il savait et faisait un effort pour me faire comprendre qu'il savait. Cet homme, d'une grande finesse, a droit à ma reconnaissance éternelle.

De retour à la maison, j'eus le plus grand mal à faire comprendre à mon paternel que j'avais fait mon possible, que je m'étais couvert de ridicule pour son bon plaisir et, qu'aux yeux de ce proviseur, il était passé pour le sale con qu'il était... Je ne me souviens plus de la baffe, ce dont je me souviens c'est que quelques jours ou quelques semaines plus tard, il allait prendre une sérieuse revanche !

Nous revenions de Jouy-en-Josas où mon père venait de m'inscrire au Montcel, pensionnat de garçons de bonne réputation. Nous roulions vers Paris à l'aplomb de l'aéroport de Villacoublay quand, tout à coup, mon père se mit à pousser une gueulante de première catégorie. Le prix de la pension avait dû lui rester en travers de la gorge. Quand il commençait à nous engueuler, on en prenait pour des heures car il s'emballait tout seul. Pris dans son propre délire, il s'enflammait de plus en plus : de l'insulte pure et dure – nous étions de petits salauds sans reconnaissance aucune pour tout ce qu'il avait fait pour nous –, on passait à la menace de la baffe, de la menace à l'exécution. Dès la menace, nous avions pris l'habitude de lever les bras, nous préparant à la volée de baffes qui allait pleuvoir. Ce jour-là, puisque nous étions deux dans la voiture, le cher homme dut improviser.

La voiture que mon père conduisit alors était une Ford Vedette. Une des particularité de ce véhicule était sa large banquette d'un seul tenant, à l'avant. Nous étions donc, ma sœur et moi, assis à l'avant... juste à côté d'un fou furieux. Comme il ne pouvait nous gifler efficacement en même temps, malgré tous ses efforts, il changea de tactique : il prit nos têtes entre ses grosses paluches et commença à les cogner l'une contre l'autre en hurlant les insultes les plus horribles. Finalement, j'ai réussi à ouvrir la portière et à m'échapper de la voiture. Alors il poussa violemment ma sœur dehors et nous enjoignit de rentrer à la maison à pied. Il devait être une heure de l'après midi. C'est à ce moment, je crois, qu'il a touché le fond de sa folie. Je n'ai jamais vu, depuis, quelqu'un d'aussi enragé que mon père ce jour-là.

Quand à nous, bien qu'endoloris, nous étions bien soulagés de n'être plus en sa compagnie. Nous commençâmes à nous diriger vers Paris. Nous étions à trois ou quatre kilomètres du Petit Clamart. Nous avons marché jusqu'à la porte de Châtillon et certainement après, puisque nous finîmes par arriver à la maison, mais je ne me souviens plus de quelle manière ni par où nous sommes passés.

Pour parachever cette brillante journée, mon père eut une brillante idée de punition supplémentaire. Cet épisode s'était déroulé quelques jours avant ce qui aurait dû être notre départ pour nos vacances d'été. Pour bien nous faire comprendre que tout a un prix, il partit en vacances à Antibes avec sa petite amie de l'époque, accompagnée de toute sa famille : trois enfants de nos âges, que nous n'aimions qu'à moitié mais que notre père comblait de cadeaux et d'attentions... pour mieux séduire leur mère. Nous, qui étions punis, devions rester à Paris pour faire nos devoirs de vacances. Nos non-vacances paieraient notre pensionnat, devait-il penser, dans sa tête mal faite. Mais finalement, cette séparation nous permit de passer du temps entre frangins et frangine, sans notre démon de père... C'était vraiment des vacances. Il croyait nous punir, nous étions soulagés.

Le pire, c'est quand ils rentrèrent de vacances. La famille de sa copine nous invita tous à la projection du film de leurs vacances – en 8 mm – à Antibes, dans notre maison. La maison qui fut celle de notre mère. Et que je te fais des plouf, des plongeons et des cabrioles dans l'eau et des gros sourires à la caméra... Et que je te mange de belles tranches de melon, en plein soleil, à l'heure du déjeuner et « Oh regarde comme je nage bien ! » Et comme l'eau était bleue et comme le ciel était d'azur... Pendant la représentation, ma soeur et moi avions un peu le coeur serré, mais nous ne disions rien. De retour chez nous, on s'est consolé mutuellement. On en avait gros sur le coeur malgré tout. Il était temps de partir loin de ce salaud. Il était temps de nous retrouver entourés de gens normaux.

Nous voici donc en pensionnat. Divin pensionnat. Je suis toujours convaincu qu'il nous a sauvé la vie. Même si nous devions subir les désavantages de l'éloignement de nos proches, notre salut résida dans la nécessaire cohabitation avec des gens qui avait eu, eux, une expérience moins brutale de la vie.

En 1962, je fus appelé sous les drapeaux... Ma vie d'adulte se croyant indépendant allait enfin commencer... Angoisse, angoisse, angoisse !

12

ENFIN SEUL !

Ça a été un vrai boxon, un vagabondage de luxe !

J'étais à la fois délivré de mon père et de son constant mépris, mais mal préparé à être lâché dans le grand monde. L'assurance me manquait, la définition que je me faisais de moi restait très floue. Je ne savais pas exactement qui j'étais, il y avait trop de mélange... Je n'étais pas encore fini.

Toute ma vie jusqu'à aujourd'hui n'a été qu'un profond bordel, parsemé d'éclaircies, de pauses, de zones de calmes dans un univers de tempêtes. Un tumulte effarant s'effilant dans le temps avec un semblant d'ordre. Mais ce semblant d'ordre est la conséquence, non d'une volonté réfléchie et assumée de régler l'allure ou de faire des choix délibérés mais plutôt d'une soumission fataliste aux événements et aux lois de notre société. Le dédain perpétuel dans lequel m'avait tenu mon père m'avait coupé les ailes, comme je n'osai, je dus subir et me soumettre.

Je ne savais pas ce que j'allais faire de ma vie, je n'avais pas d'idée précise de mon avenir. Si j'ai finalement réussi à en faire quelque chose, c'est par persévérance, par persistance et rien d'autre. En serrant les dents. J'ai refusé de couler , de me laisser glisser dans le moule de « débile mental légèrement retardé » que m'avait forgé mon père.

Les points d'appuis me manquaient, les valeurs morales que ma mère avait commencé à m'inculquer étaient en contradiction avec la permissivité perverse exhibée par mon père.

Ma peur du gendarme a toujours été plus forte que mes impulsions anarchistes.

Mes rebellions furent éphémères, mes rêves de fuites permanents.

Faisons le point : après avoir été chassé de chez moi… Non, cette maison Villa Seurat n'était pas vraiment « chez moi ». Reprenons : après avoir été proprement viré de la maison paternelle, a commencé pour moi une longue errance : en France, en vingt ans, j'ai déménagé douze fois ; aux États-Unis, en un temps à peu près égal, j'ai déjà déménagé neuf fois. En moyenne, un déménagement tous les deux ans. Je suis un nomade urbain.

Malgré tout ces déplacements, j'ai réussi à terminer ma médecine, à la cravache...

Les pensionnats m'avaient éloigné de la figure paternelle destructrice, mais ils m'avaient inclus dans une structure sociale moins menaçante que mon ancienne famille. De ce fait, je me suis toujours senti bien à l'intérieur d'une structure plus grande et complexe que la simple structure familiale. Un groupe, une tribu, un corps militaire ou un hôpital, par exemple.

Entouré de mes proches, je vis seul avec moi-même, tout en souhaitant réintégrer une tribu qui elle, reste apparemment indifférente à mon destin. Tel l'Oméga chez les loups, je m'imagine vivant en lisière de ma meute, à peine toléré, juste bon à faire les corvées de bas étage.

L'absence de conversation donne des ailes à l'imagination et laisse de surcroît beaucoup de temps pour l'introspection. Ainsi, en même temps que j'agis, je me vois agir ; en même temps que je pense, je m'imagine en train de penser. Je discute avec moi-même, je m'engueule, je m'insulte, me rabroue, me juge et me traite de tous les noms. Ce n'est pas si facile d'être ou de se sentir comme l'Oméga de la meute !

Dès le départ, il faut bien le reconnaître, l'handicap était sérieux. Je suis né en Suisse, le 7 décembre 1941, le jour même de Pearl Harbor. En plein milieu de la guerre, alors que la France avait honteusement capitulé, que les Anglais venaient de repousser une tentative allemande d'invasion des îles britanniques et que les Américains allaient enfin sortir de leur isolement grâce à une erreur de calcul des militaristes Japonais. Roosevelt qui cherchait à retourner son opinion publique, alors profondément isolationniste, se vit offrir une raison plus que valable pour rentrer ouvertement en guerre contre les Japonais d'abord, puis contre les puissances de l'Axe, à savoir : l'Allemagne et L'Italie.

Ma vie, je ne la dois pas qu'à mes géniteurs biologiques. Je la dois également aux soldats anglais et américains qui ont combattu les forces nazies en Europe. Pendant que ceux-là mouraient en combattant, la police française livrait ses Israélites aux Allemands... Sympathiques souvenirs, qui me touchent directement car je me sens solidaire de ces malheureux qui furent envoyés dans les camps. Je ne m'appelle pas « Cahen » pour rien !

J'ai conservé une dent contre la police française, trop complaisante avec la Gestapo. Le zèle dont ont fait preuve les policiers de l'époque lors des rafles du Vel d'Hiv n'a rien à voir avec le goût du travail bien fait ; ce zèle soulignait simplement la satisfaction qu'ils y trouvaient. Le bourrage de crâne avait fait son œuvre, la France de Vichy était bien devenue totalement antisémite.

Il y a vraiment des choses que je n'aime pas : les flics en capeline, les paniers à salade, les trains à vapeur et les voisins que je ne connais pas. C'est le passé qui remonte. Les rafles, les wagons de marchandises prenant la direction de l'Est, la terreur d'être dénoncé par un voisin bien intentionné... Je n'avais que trois ans et demi à la fin de la guerre, j'ai une sacrée bonne mémoire !

Étant né en Suisse allemande, le *switzerdeutsch* fut la langue de mes premiers balbutiements et je me rappelle parfaitement que les Suisses allemands étaient parfaitement germanophiles. À Zürich, notre voisine de palier était une sale dondon, membre officiel du parti national-socialiste de la Suisse, qui n'hésitait pas à nous traiter de sales juifs et était prête à nous envoyer dans un de ces camps de concentration où l'air était si insalubre.

Malgré le temps qui passe, ces divers traumatismes restent enfouis quelque part dans mon inconscient et, à quarante ans, je suis devenu Américain, poussé par un sentiment d'insécurité, par l'impression de n'être jamais vraiment comme tout le monde. Je dois tellement aux États-Unis. Sans leurs G.I.'s, leurs pilotes, j'aurais cramé dans un de ces camps pourris, quelque part en Silésie.

Aussi j'élève donc un toast très solennel aux chasseurs de la RAF qui, en 1940, se battant ou plutôt se débattant à un contre dix et subissant des pertes monstrueuses, ont sauvé l'Angleterre d'une capitulation désastreuse et infâme.

L'infamie de la capitulation française, par contraste, n'en est que plus douloureuse. Capitulation que ces poltrons de dirigeants français n'eurent aucune peine à signer. Certains officiers auraient même sabré le champagne avec leurs homologues germaniques... Grande union contre cette nouvelle racaille : les Juifs, grâce à la longue et insidieuse propagande distillée par nos chères croix de feux et autres philosophes aux petits pieds de la droite dite nationale. Sans aller jusqu'à trinquer le champagne, il est bien vrai qu'au front, les officiers n'étaient pas les derniers à s'enfuir ou à déposer les armes. Débâcle, panique, les temps étaient pénibles.

Par la suite et durant toute la guerre, la France deviendra le prolongement industriel de l'Allemagne. Plus que n'importe quel autre pays occupé, plus même que l'Italie qui pourtant s'était alliée à l'Allemagne, la France servit d'annexe industrielle à l'Allemagne... Un Marché commun avant la lettre. De cette guerre, on préfère se souvenir de la Résistance, image plus romantique, mais dont l'impact sur l'évolution de la guerre fut, relativement, très faible, surtout quand on le compare à l'importante production industrielle que la France fournissait gracieusement aux Allemands.

La Résistance... Elle n'aurait guère pu durer très longtemps. Après la mort de Jean Moulin, trahi par René Hardy – authentique résistant devenu agent double après avoir été arrêté par la Gestapo. (Qu'est-ce qu'on ne ferait pas pour rester en vie !) –, tous les réseaux furent peu ou prou noyautés par des agents de la Gestapo. Si la guerre avait duré six mois de plus, pas un seul résistant n'aurait survécu : ils étaient tous vendus. La Résistance était sur le point d'imploser, sauf peut-être le réseau du rail et les différents groupes d'obédience communiste. Ceux-là furent efficaces car proprement cloisonnés, le Komintern leur ayant inculqué de solides notions quant à l'organisation des réseaux clandestins.

Du courage, oui, ils en eurent. Certains, du moins. Peu importe. Buvons à leur mémoire, ils ont sauvé l'honneur de la France face à la Collaboration active entre la France et l'Allemagne. Le cours de la guerre ne changea véritablement que lorsque l'Amérique mit tout son poids dans la bataille. L'heure du grand ménage était venue. J'élève donc également un toast très solennel aux Bombardiers américains du *8TH Air Force* qui, à force de courage, de pugnacité et de persévérance, sont venus à bout de la machine de guerre allemande, au prix de pertes incroyables.

Les statistiques le montrent bien : les chances de survie d'un équipage de B17, après ses vingt-cinq missions obligatoires au-dessus de l'Allemagne, étaient à peu près nulles, tant et si bien que lorsque *Liberty Belle*, premier bombardier à réussir l'épreuve, revint intacte après sa vingt-cinquième mission, l'état major américain en fit un film pour célébrer ses héros et mettre du baume au coeur des autres équipages.

Je suis un enfant de la guerre. Ça laisse quelques traces, surtout quand on a eu la chance d'échapper aux chambres à gaz du père Adolf. Le bordel avait commencé bien avant moi, je ne suis qu'une victime des circonstances. Comme le dernier domino d'une longue chaîne que l'on s'est amusé à faire dégringoler. La tourmente était déjà bien établie. Entre la folie guerrière des Nazis et la folie domestique de mon père, il nous sera vraiment difficile d'en sortir indemne.

*

* *

Qu'allai-je faire de ma nouvelle liberté d'action ? Si l'avenir fait peur en général, personnellement, j'avais la Grande Trouille. Encore une fois, tout avait mal commencé. C'était la fin de la guerre d'Algérie. L'OAS faisait éclater des bombes partout dans Paris, je venais de passer mon bac, je ne savais pas ce que j'allais, ce que je devais faire

Un beau matin d'octobre 1962, deux gendarmes en uniforme sonnèrent à la porte de la maison. Ils m'apprirent que j'étais alors considéré comme insoumis. J'avais été en internat en Allemagne, j'avais donc manqué le recensement. J'ai donc reçu, ce matin-là, une feuille de route m'intimant l'ordre de rejoindre le château de Vincennes afin d'y effectuer les formalités d'incorporation et d'y passer la batterie de tests médiaux, psycho-techniques, etc.

Le premier soir, avec quelques complices d'opportunité, j'avais fait le mur et j'étais rentré chez moi pour y passer la nuit... Mon lit était bien plus confortable. Mon père, qui se croyait débarrassé de moi pour un bout de temps, fut très déçu de me voir revenir aussi vite. Il me renvoya vite fait à la caserne. Ouste, du balai. Le lendemain, il me demanda de lui rendre les clés de la maison et me renvoya définitivement de chez moi...

Je me suis donc retrouve bidasse dans le camp de Frileuse, près de Rambouillet.Ce camp, si justement nommé pour la douceur de son climat, sa chaleur quasi-tropicale et la qualité bien connue de son hôtellerie. Le premier matin, pour bien me faire comprendre que les grandes vacances étaient terminées pour de bon, je me suis retrouvé de corvée de poubelles... Intéressante perspective sur la vie des hommes de troupe en campagne... J'ai cru que j'avais touché le fond... Mais non. Le fond, en y réfléchissant bien, je l'avais touché bien avant. Cette dernière avanie n'était qu'une petite cabriole dégoûtante, passagère, qui ne pouvait toucher à mon intégrité naturelle.

Dans la merde la plus ignoble, au milieu de ces abjects détritus, même si mon treillis s'était imprégné de cette puanteur infâme, je me sentais plus digne et plus humain que lorsque je devais subir les insultes et les humiliations du *pater familias*. Une fois débarrassé de ce démon, rien de pire ne pouvait m'arriver. Au contraire. Tout ne pouvait que s'améliorer. Effectivement, malgré les déconvenues, les petits malheurs, les maladresses, les soirs de défaites, les peines d'amours et les vrais chagrins, le reste de ma vie fut du gâteau ! Après la plus forte des tempêtes, celui qui en a réchappé ne craint plus la mer, jamais.

Au bout de six semaines de classes à Frileuse, nous avons été renvoyés. Les uns en Algérie, les autres dans des unités en province et, pour ma part, ô joie : au bataillon de Joinville !

Quelle veine j'avais ! Ce fut un grand désespoir pour Roland, qui jubilait déjà à l'idée de me savoir en Algérie, loin de sa maison et de ses maîtresses. Non, mon affectation « chez les planqués » n'était certainement pas due à un piston du paternel ! En fait, j'ai été expédié au bataillon de Joinville pour deux raison : la première, c'est que mon frère aîné était déjà aspirant en Algérie et il semble qu'il y ait eu, à l'époque, un agrément général stipulant que deux frères ne pouvaient servir en même temps en zone de combats. La seconde raison c'est que j'avais obtenu des notes tout à fait exceptionnelles (sans grand mérite d'ailleurs, quand on sait combien la plupart des conscrits s'en foutent éperdument) dans les tests psycho-techniques passés durant les formalités d'incorporation.

Grâce à cela, j'ai servi de chauffeur-camionneur pour les sportifs de haut niveau. Ensuite l'armée française m'a fait faire un peloton de sous-officiers, dans le bois de Vincennes, au milieu des putes... Je ne m'étais jamais autant marré dans ma vie ! Puis, j'ai été nommé sergent. Ils m'ont libéré en avril 1964.

Pendant mon sapin, j'avais fait un peu de maths, pour essayer de me tenir à jour, mais sans grande conviction. Je m'étais fait un très bon pote à l'armée, une de ces amitié de régiment qui ne s'éteint jamais. C'est mon meilleur pote ! Il est installé médecin généraliste à Neuilly-sur-Seine. Son père était chirurgien et venait de mourir, encore jeune, d'un infarctus du myocarde. Il s'était juré de devenir chirurgien, comme son père. Personnellement, je n'avais aucune idée précise de mon avenir. J'étais même tellement paumé dans ma vie que j'envisageais de rempiler. Mon copain me persuada alors de faire médecine avec lui.

Ce que je fis donc.

Mon père, ce vieux radin, puisque je faisais médecine, m'octroya royalement cent francs par mois à titre de subsides. Pour le reste, il fallait que je bosse. C'est ainsi que je fis plein de petits métiers, durant lesquels je me suis colleté au sirop de la rue : démarcheur en chauffe-eau, manutentionnaire dans une boîte de distribution de tissus, distributeur de volumes et d'exemplaires gratuits dans une boîte d'édition de bouquins scolaires...

Ma vie de médecin a vraiment commencé en 1967, quand j'ai été nommé externe. Les petits salaires que nous recevions de l'assistance publique me suffisait pour payer ma chambre de bonne et manger au Resto Universitaire.

Après avoir soutenu ma thèse en 1971, j'ai passé l'examen de médecin de la marine marchande et suis rentré à la Compagnie générale transatlantique comme médecin adjoint. J'ai été embarqué, sur le *De Grasse* d'abord, et puis sur le *France*. À l'époque, il s'agissait simplement du « plus beau paquebot du monde ». J'y vivais comme un pacha... Un jour, un officier du pont m'a dit que les médecins de bateau n'étaient ni de vrais marins ni de bons médecins. Cette sentence piqua mon orgueil au vif. C'est là que j'ai décidé de devenir un vrai bon médecin. En plus, comme le *France* allait être mis au rancard, j'avais tout intérêt à changer de spécialité. Après un court interlude canadien, je suis revenu à l'hôpital Necker, à Paris pour y effectuer une spécialité en anesthésie-réanimation. En 1975, je suis parti au Vietnam, j'en suis revenu en un seul morceau. Un jour, alors que je faisais un remplacement en médecine générale dans le Sud de la France, en parcourant une revue médicale, je suis tombée sur cette petite annonce : « Hôpital de Chamonix-Mont-Blanc recherche pour trois mois un anesthésiste-réanimateur, poste à prendre à partir du premier juillet. » Je pris immédiatement ma voiture le soir même et me rendais à Chamonix sur le champs. Le contrat prévoyait une durée de trois mois, j'y suis resté six ans.

13

L'AMÉRIQUE

En 1982, j'ai quitté la France pour les États-Unis. Ça fait maintenant vingt-deux ans. Pour pouvoir exercer mon métier et comme les diplômes français n'étaient pas reconnus là-bas, j'ai dû repasser tous mes examens de médecine et de spécialité. C'est la chose à éviter au maximum si on veut rester sain d'esprit ! À la rigueur, vous pouvez la conseiller à votre meilleur ennemi… À condition qu'il se soit conduit de manière parfaitement ignoble et abjecte envers vous.

L'expérience est brutale. Je ne m'en suis pas sorti indemne. Tout reprendre, tout repasser, tout recommencer à quarante-trois ans, c'est un peu humiliant. Et puis, comme ils disent dans le film : j'étais vraiment trop vieux pour ces conneries. Pour faire ce genre de trucs, il faut être masochiste ou vraiment con. Au choix. À force de trop vouloir me prouver que je n'étais pas complètement débile, j'étais les deux. Ou plutôt les trois. Oui, débile, aussi. Et après trois mariages, deux divorces, trois enfants, plus de dettes que de raison et un job d'esclave, je ne sais toujours pas qui je suis, où je vais et comment tout cela va se terminer. On est tous des vieux cons.

L'argent est facile aux États-Unis, surtout si l'on exerce dans le privé. Je suis resté médecin hospitalier, non par mérite mais par goût de la vraie médecine, celle du serment d'Hippocrate, celle qui s'exerce à l'hôpital et non pas dans ces centres de chirurgie ambulatoire construits uniquement pour soigner des gens sains... C'est là que le serment d'Hippocrate se transforme en serment d'Hypocrite.

Je suis de plus en plus persuadé que la chirurgie cosmétologique n'a plus rien à voir avec la médecine. C'est un autre monde, celui de la coiffure et des produits de beauté... Un genre qui me dérange parce qu'il usurpe un titre qui ne lui revient pas. La chirurgie cosmétologique, c'est de la mauvaise psychiatrie. Rien d'autre. Essayer d'amener du bien-être chez les gens en changeant leur gueule, c'est aussi efficace qu'un cautère sur une jambe de bois. Celui qui a dit : « Jusqu'à quarante ans, on a la gueule qui nous a été donnée à la naissance ; après quarante ans, on a la gueule qu'on mérite ! » était un sage.

Précisément, en Californie, les gens ne sont pas sages. Ils consomment de la médecine comme on consomme du maquillage. L'univers plastique d'Hollywood a déteint sur toute la population. Certes, il existe une très importante différence entre la côte Est et la côte Ouest des États-Unis et, franchement, tant mieux ! On peut ainsi espérer une certaine capacité d'autocritique, de jugement chez les New-yorkais entre autres. À Los Angeles, il faut bien avouer que c'est n'importe quoi en ce qui concerne l'intellect.

L'absence totale de tout frein à la connerie, l'absence de bon sens est très significatif à Los Angeles.

Les femmes portent à bout de bras leur névrose, affichant leur seins ou plutôt leurs implants gonflés de silicone, se croyant belles alors qu'elles ne sont qu'une réclame déambulatoire pour tel ou tel chirurgien, se croyant intéressantes alors qu'elles ne sont que plastiques. Pis, derrière cette mascarade de séduction se cache une dérive putassière de la gente féminine, glissant sans s'en rendre compte vers une attitude de plus en plus commerciale. Les faveurs les plus immédiates des prostituées de la rue Saint-Denis ont meilleur goût et sont plus sincères que les mièvres singeries de toutes ces mégères siliconées.

La mère de mes enfants, dont j'ai divorcé il y a treize ans, en est un parfait exemple : elle est née a Calabassas, en Californie, dans ce qu'on appelle la Vallée. Notre rencontre, résultat d'un coup monté par quelques amis (tu parles !) qui cherchaient à la caser, eut lieu à Paris. C'était une blonde qui jouait bien au tennis. Du reste, c'est tout ce qu'elle sait faire. Avec bien sûr, faire du shopping et rester très occupée à ne rien faire. Je suis tombé dans le panneau comme un bleu et, bien fait pour mes pieds, je l'ai épousée... Il y aura toujours des cons pour se porter volontaires et se retrouver de corvée de chiottes !

Sitôt mariée, elle exprima son désir de rentrer aux États-Unis pour se rapprocher de sa famille. Étant données mes relations avec la mienne, c'était très faisable. Pas d'attache, liberté totale et j'avais toujours pensé que mon destin était d'habiter aux États-Unis. L'Amérique, l'Amérique…

En avant toute ! Ce n'est que plus tard, pendant que faisais l'esclave à UCLA, que j'ai compris à quel point j'avais été joué. Et pas seulement par ma future ex épouse. Par moi-même ! Et oui, je m'étais aveuglé. Ma chère et tendre épouse, dans son esprit pratique et putassier, s'était offert un produit d'importation. Et pas n'importe lequel, Mesdames et Messieurs ! Ne nous méprenons pas, elle s'était ramenée de France, comble du snobisme, un anesthésiste-réanimateur trop con pour ne pas voir dans quel guêpier il venait de se fourrer... tout un programme.

La famille, on la subit ; ses amis, on les choisit ; on croit choisir sa femme... Que dalle ! On ne choisit rien, on se fait baiser pareil ! Je l'avais bien cherché.

À la force du poignet, j'ai réussi à m'extirper de cette situation bancale, à repasser mes examens et j'ai même décroché un bon job. Ça fait vingt ans maintenant que j'habite les États-Unis, et dix ans que je suis Américain. Après bien des déboires, la greffe a pris ; on pourrait presque considérer l'expérience comme réussie. Si l'on s'en tient uniquement et simplement aux apparences.

Récemment, j'ai épousé une Japonaise. Une vraie, qui venait du Japon. Rien à voir avec les fausses Japonaises qui sont nées aux États-Unis. La vraie Japonaise apporte avec elle une longue tradition d'honnêteté, de sincérité, de loyauté et de dévouement. La seconde, de par sa culture frelatée, s'essaie à de pathétiques imitations de Britney Spears ou de Madonna ! Ce n'est pas un fossé qui sépare ces deux civilisations, c'est un gouffre...

La culture japonaise est beaucoup plus proche de la culture française que de la culture américaine. Pour un pauvre Français comme moi, il est beaucoup plus facile de comprendre la démarche intellectuelle d'une Japonaise que d'essayer d'interpréter ou de déchiffrer les signaux ambigus, véritable messages codés, émis par la Californienne moyenne. Pauvres Californiens, victimes de ces amazones qui se croient belles, ils vont s'échapper dans le sport, dans les clubs, dans des vestiaires aux activités parfois douteuses et finalement tomberont dans une espèce de bisexualité qui leur permettra à la fois de sauver la face et de retrouver un espace de réelle communication avec leur alter ego. À force de se peindre la face, de se gonfler les seins et de prendre des mines de Sainte Nitouche, la Californienne ne sait plus très bien qui elle est. Plus repoussoir que séductrice, elle s'est figée dans une espèce de fausse beauté, stéréotypée, figée, aussi séduisante qu'une carte de crédit. Encore que la carte de crédit est plus utile...

La société américaine toute entière semble devenir schizophrène : En même temps qu'une pression religieuse se fait de plus en plus pressante et pesante, une véritable marée pornographique envahit l'Amérique, par l'intermédiaire, entre autres, d'Internet. Une espèce de fausse bondieuserie, une religiosité épidermique de mauvais aloi, mercantilisée et qui ne sait que faire semblant, imprègne cette société qui, dans le même temps, devient de plus en plus victime de ces faux prophètes et qui savent très bien profiter de la crédulité plus que naïve de leur concitoyens.

Est-ce le manque d'éducation qui rendrait ces gens tellement vulnérables à ces discours pompeux, illégitimes, invraisemblables et manipulateurs ? Ou est-ce au contraire un besoin de distraction, une forme de show-business ? L'équivalent théologique d'un match de catch dont les Américains sont si friands ?

La réponse nous vient de loin : Condorcet avait déjà constaté que les Américains avaient remplacé leurs philosophes par des charlatans ; cette constatation est encore plus vraie aujourd'hui qu'elle ne l'était du temps de Condorcet. Dans la moitié des États américains, en particulier dans le Sud, on continue à enseigner dans les écoles la doctrine créationniste parallèlement à la doctrine évolutionniste. Et même mieux : au Kansas, par exemple, on n'enseigne plus que la doctrine créationniste. Pour mémoire, rappelons que la doctrine créationniste prend les textes bibliques de la Genèse au pied de la lettre, telle une révélation divine... Pour les Créationnistes, le monde dans sa totalité aurait été créé par Dieu, il y a huit mille ans, en sept jours... BONG !

Il y a donc près de cent millions d'Américains qui croient à ces âneries infâmes, et probablement quarante à cinquante millions d'écoliers à qui l'on inculque des fadaises de ce gabarit... Voici, à titre d'exemple, ce que j'ai vécu moi-même avec mon ex-belle- famille : mon ex-beau-père, maintenant à la retraite, était un chirurgien maxillo-facial de bon renom. L'exercice de cette profession implique des études universitaires supérieures et, bien sûr, des connaissances poussées en biologie de la chimie minérale et organique, des maths, de la physique... Bref, une certaine accointance avec l'état actuel de la science. À ma très grande surprise, cet homme, au demeurant fort courtois et qui se devait d'être un peu au courant des sciences fondamentales, était un fervent et virulent tenant de la doctrine créationniste. Il était également un « *born again Christian* », ce que l'on peut traduire par « Chrétien ressuscité ». Si, au nom d'une croyance fanatique, on continue à enseigner une doctrine avérée fausse et désavouée par toutes les académies scientifiques, américaines ou internationales, ce pays ne vaut pas plus que n'importe quelle république bananière du tiers-monde.

Mais c'est possible aux États-Unis, pour deux raisons. D'abord, la Constitution américaine, ensuite, le postulat de liberté individuelle. C'est, en quelque sorte, le revers de la médaille, le prix à payer. Mais il y a confusion des genres, certainement à cause du manque de philosophes. Ce que les rédacteurs de la Constitution ont voulu inclure, c'est le droit de tout individu à avoir sa propre opinion, le droit mais non le devoir de la proclamer.

C'est le fameux premier amendement qui, depuis sa publication, a été mis à toutes les sauces possibles et imaginables puisque elles vont de la liberté de religion jusqu'à la liberté éhontée de publicités mensongères. Aux États-Unis, toutes les publicités sont mensongères... Mais ces rédacteurs, dans leur génie, n'avait pas pensé à l'intervention de la connerie congénitale de leurs futurs concitoyens. Il n'y a pas d'autres mots.

Les tenants du Créationisme sont des cons ignorants, certes. Mais le pire, c'est que ce sont des cons ignorants qui le proclament à la face du monde en permanence ! Persuadés d'avoir le devoir de proclamer et de diffuser la parole divine (et par conséquent leur connerie et leur ignorance), ils croient fermement que, par l'intervention du Dieu tout puissant, ils ont le droit inaliénable d'imposer leur connerie aux autres. Ça ne vous rappelle pas le prosélytisme enflammé de certains militants islamistes ?

C'est un des énormes problèmes que pose le premier amendement de la Constitution américaine. Ce dernier couvre un champ d'application tellement large, son interprétation est tellement ouverte que l'on en arrive à des paradoxes insupportables où le bon sens est balayé par des arguments spécieux qui demeurent apparemment irréfutables car ils reposent précisément sur ce premier amendement. Les rédacteurs de la Constitution américaine, les Pères fondateurs, ont péché par naïveté : ils n'ont pas prévu que des cons aux idées merdiques et rétrogrades s'empareraient de leur Constitution...

Les Créationnistes sont, la plupart du temps, des gens que l'on pourrait qualifier au mieux de conservateurs, au pire de réactionnaires et enfin, à l'extrême, de totalement racistes... ou encore, selon un terme bien français, de facho ! Dès lors, l'attraction exercée par cette idée totalement irrationnelle de la création miraculeuse et divine s'explique : elle justifie le racisme. Le racisme pur et dur trouve dans cette théorie une assise et un fondement pseudo rationnel : selon cette exécrable théorie, les Noirs et les Blancs ont été créés en même temps, de façon juxtaposée, sans aucun contact, sans aucune relation ! Alors que toute la communauté scientifique se tue à répéter que la véritable évolution de l'Humanité a commencé en Afrique et que le peuplement de l'Europe s'est effectué à partir de ce continent dans d'immenses migrations qui ont pris plus de vingt mille ans. C'est d'ailleurs cette durée qui a permis une diminution progressive dans la concentration de pigments cutanés. Le Blanc européen n'est en fait qu'un Noir dépigmenté. L'homme de Cro-Magnon, notre cher ancêtre commun, était un bronzé de première catégorie !

Mais les Créationnistes, bien que la théorie de l'évolution ait été prouvée des millions de fois, préfèrent adhérer à leur doctrine qui justifie et sponsorise leur racisme profond. Sous couvert d'un prosélytisme religieux militant , les Créationnistes ne font que renforcer la justification inconsciente de tous les racismes. Créationisme et racisme ne sont que deux expressions d'une même carence, d'une même violence : celle qu'on trouve dans le Ku Klux Klan et dans d'autre confréries du même tonneau. Les Républicains américains s'appuient en partie sur cette frange ultra-conservatrice de la population...

Il reste qu'il existe un immense fossé entre la culture française et la culture américaine... Ces deux nations se sont créé de toute pièces, pratiquement à la même époque, chacune une constitution sur mesure. Benjamin Franklin et Thomas Jefferson sont les principaux rédacteurs de la Constitution américaine et, à part quelques amendements, cette constitution n'a jamais changé : « We the people... »

En France, à l'inverse, après la Révolution, il y a eu différentes étapes dans l'établissement de la ou des Constitutions : la Convention d'abord, puis le Directoire, puis enfin Napoléon, qui ont chacun donné une valeur différente à cette constitution. Vinrent ensuite la Restauration, les révolutions de 1848, Napoléon III, les différentes Républiques... jusqu'à la Ve aujourd'hui . Bien qu'il y ait eu de nombreux changements, la Constitution française repose sur les différentes Constitutions concoctées à partir de la Révolution de 1789. Celle-ci reposait essentiellement sur les travaux des philosophes qui avaient travaillé à l'Encyclopédie : Diderot, Voltaire, Rousseau, etc, et qui avaient bâti leur logique et leur morale sur deux bases fondamentales : la logique cartésienne d'une part et une absolue séparation de l'Église et de l'État, de l'autre.

La conséquence de ces prémices est essentielle : la France est sous dominance cartésienne, on reste logique, la connerie institutionnelle est interdite ! On ne se mélange pas les pieds ! Ni les genres ! La Constitution est claire. Victoire de l'intelligence contre l'ignorance et la superstition.

Cette logique implacable a deux mérites : d'abord, elle établit des règles constitutionnelles strictes et rigoureuses ; ensuite, sa clarté ne laisse que peu de place à l'interprétation sauvage, à l'inverse de ce qu'on voit aux États-Unis. En effet, la Cour suprême américaine doit sans arrêt donner son avis sur des interprétations de plus en plus osées de la Constitution, à cent lieues de la pensée des Pères fondateurs.

Dans le même temps, la logique cartésienne propre aux Français impose un cadre constitutionnel relativement strict, à l'intérieur duquel les libertés individuelles doivent se cantonner. Elle crée un pouvoir autoritaire et centralisateur. Descartes, sans le savoir, fut le père des Jacobins.

Benjamin Franklin et Thomas Jefferson avaient vécu à Paris et avaient côtoyé les philosophes de l'Encyclopédie. Cependant, leur fondement intellectuel venait d'Angleterre. En Angleterre, le grand philosophe du temps, c'était Kant, promoteur de l'idée de liberté individuelle absolue et de son corollaire obligatoire, la responsabilité individuelle absolue. C'est sur cette base que Franklin et Jefferson ont écrit la Constitution américaine. C'est donc une constitution dont les fondements philosophiques sont diamétralement opposés à la Constitution française.

La Constitution américaine insiste sur la liberté absolue d'un individu, liberté sans limite sur laquelle l'État ne devrait avoir aucun pouvoir de restriction, sous aucun prétexte... Depuis les Pères fondateurs, les choses ont un peu évolué, cette liberté n'est plus aussi absolue, loin de là ! Mais, au départ, cette utopie libertaire entraîna une complète décentralisation du pouvoir. Et bien que soit incluse dans la Constitution originelle une complète séparation de l'Église et de l'État, des dérives ultérieures ont gommé cette séparation. Très récemment, avec George Bush Junior, la séparation entre l'Église et l'exécutif est devenue encore plus floue car il est sous la pression de groupes conservateurs néo-religieux. Cependant, avant cette administration, des amendements constitutionnels avaient déjà eu lieu. À titre d'exemple, en 1954, le nom de Dieu (God) a été rajouté dans le *Pledge of Allegiance,* le serment de soumission, à la suite d'une action en justice intentée par un groupe d'extrême droite appelle les *Knights of Columbus.*

Ainsi, le *Pledge of Allegiance*, qui était totalement agnostique et séculaire, fut discrètement transformé en prière. Danger de tous ces dérapages incontrôlés qui, petit à petit, modifient entièrement le visage de l'Amérique. La France demeure une nation laïque et cartésienne, alors que les États-Unis deviennent une nation que je qualifierai de méta ou parareligieuse. Ainsi s'explique l'énorme fossé culturel qui sépare ces deux nations. C'est un fossé incroyablement profond et qui va en s'élargissant !

La définition d'une Amérique est impossible... Je défie quiconque de me définir l'Amérique en moins de trente-cinq volumes de trois cents pages chacun. Il y a tellement de choses à en dire, du bien et du moins bien, c'est trop complexe pour être proprement disséqué, analysé, comme ça en quelques lignes. Même d'importants ouvrages, se voulant être une somme complète de connaissances et l'analyse finale et ultime de l'Amérique, s'y sont cassé le nez... À part quelques grands penseurs tels Condorcet ou Tocqueville, à leur époque, personne n'a réussi à vraiment écrire le bouquin définitif sur les États-Unis. L'Amérique c'est d'abord un mélange, un mélange de tout, une mixture en perpétuel devenir... un *melting pot !* On trouve tout et son contraire, en Amérique...

On y trouve les meilleures universités du monde et aussi le plus grand nombre d'analphabètes de tous les pays industrialisés ; on y trouve des penseurs, des libertaires, des crétins, des racistes, des humanistes, des survivalistes, des gens distingués, qui sont aussi et en même temps des connards infâmes (comme Pasqua !), des militaires de carrière et des militants temporaires.

On trouve de tout en Amérique... Mais qu'est-ce qui crée sa spécificité ? Encore que celle-ci tend à s'estomper grâce à Microsoft, Hollywood et Walt Disney, l'empire américain est en train de s'étendre, l'influence de la non culture américaine se fait sentir partout.

Définissons quelques particularité majeures qui permettraient de mieux appréhender l'Amérique.

D'abord, il y a la Constitution américaine dont le résultat premier est de donner à tous le droit d'exprimer ses opinions et ouvre la porte à tous les abus, puisque les abrutis les plus absolus ont droit à la parole... Et ne se privent pas de la prendre !

Ensuite, le Dieu Dollar. Au-delà et bien supérieur à toutes les croyances et Églises que l'on trouve aux États-Unis, le dollar réside au sommet du Totem. L'idole absolue, le dieu de tous les dieux, le Dollar. Le seul, l'unique, le descendant divin du capitalisme primal. Tout le reste n'est que baratin !

Il y a les femmes, aussi ! La société américaine est une société matriarcale, qu'on le veuille ou non. C'est la femme qui porte le pantalon aux États-Unis. Épousez une Américaine bon teint et vous comprendrez vite votre douleur... Et ne venez pas me dire que c'est parce que j'ai vécu une mauvaise expérience. Ce n'est pas que moi qui le pense. Tous mes copains français (Si, si... j'en ai !) sont d'accord avec moi ; la société américaine est une société matriarcale !

Comment cela se traduit-il dans les faits ? C'est très simple : ces charmantes donzelles qui ont des mentalités de putes, jouent les difficiles, les pudibondes. Le message inconscient émis par la femelle américaine peut se réduire à cette simple phrase : « Je te défie de me séduire... »

Ces grands connards d'Américains, tellement gentils qu'on en arrive à se demander si par hasard ils n'auraient pas les couilles un peu molles (c'est pas de leur faute, c'est leur éducation), ont certainement aussi envie de baiser, ils tombent dans ce panneau et, tel un taureau chargeant un chiffon rouge pour s'empaler sur une épée habilement dissimulée, ils s'engageront dans ce combat perdu d'avance. Crétins enflammés à la testostérone, ils se font piéger par ces amazones calculatrices et doivent se prêter à toutes les bassesses pour obtenir leurs faveurs. Ils feraient mieux de se taper une vraie, une authentique putain, ça leur coûterait moins cher. Certes, mais la prostitution est interdite aux États-Unis, sauf peut-être au Nevada... Alors qu'en France, il existe une tolérance, bien mise à mal par le délit de racolage passif. Énorme différence. Le piège est bien construit. La pudibonderie religieuse qui imprègne toute la société américaine n'existe pas pour rien : elle alimente ce matriarcat omnipotent.

Ceci explique le chantage permanent au mariage, l'existence des chapelles de Las Vegas, ouvertes vingt-quatre heures sur vingt-quatre. Ceci explique cette comédie plastifiée de pseudo amour dans des hôtels grand luxe qui ne sont que des bordels ayant emprunté une chasuble de curé pour se donner une dignité d'apparat. Ceci explique enfin ces cérémonies coûtant des millions de dollars ou la femme américaine se paye un mari, véritable bête de somme qu'elle va transformer en esclave pour le reste de sa vie... Et on les y voit pleurer de joie, ces dominatrices grotesques ! Elles viennent de se payer un esclave domestique qui, par force de loi leur appartient, corps et biens. En cas de divorce, la jurisprudence américaine est tellement favorable aux femmes que le mâle américain, dès qu'il a dit « oui », devient immédiatement un prisonnier soumis et obéissant. Il est mis en laisse, il est cuit ! Proprement émasculé pour toujours, le jour même de son mariage, alors qu'il croyait qu'il allait enfin pouvoir baiser à l'œil ! Mais c'est une très belle cérémonie ! Tout le monde y va de sa petite larme, tout le monde danse, tout le monde se congratule... « Rejoins le club des esclaves, mon compagnon de misère... et bois une bière ! »

Les ethnologues, qui ont fait de si brillantes études et publient des papiers formidablement distrayants sur la signification du tatouage de la verge chez les adolescents albinos de Nouvelle-Guinée devraient s'intéresser et décoder la signification réelle du mariage aux États-Unis ? Ils n'ont pas encore saisi toute l'importance de cette honteuse mascarade... Pourtant, le mariage, tel qu'il a été conçu et compris par les Américaines, est une cérémonie dont le seul but est de masquer un rituel sous-jacent : la castration symbolique du nouveau marié. Nos anciens avaient le droit de cuissage, à l'inverse, la femme américaine s'est découvert le droit de castration.

Si, par la suite, le pauvre mâle américain se révolte, il est immédiatement accusé d'être inconsidéré, de manquer de respect et, insulte totale, de n'être qu'un « *chauvinistic male*, un chauvin en croisade, un être dangereux qui met en péril la société toute entière en essayant de saper un de ses fondements suprêmes : le matriarcat. La haute main de ces honorables femelles, qui par ailleurs n'ont aucun sens du ridicule et s'attifent de façon invraisemblable, juste pour avoir « l'air de... » est tellement évidente que ces pauvres mâles en manque d'affection et de sexe s'échappent dans une homosexualité de plus en plus ouverte. Ces amazones névrotiques, frustrées et vengeresses ont bel et bien déclaré la guerre des sexes. Car, dans leur désir inassouvi, il leur a bien fallu trouver un bouc émissaire expliquant leur misère existentielle : l'homme, victime désignée de ces amazones survoltées.

Nulle part ailleurs n'existe cette lutte d'influence pour savoir qui contrôlera qui. Mais cette guerre des sexes n'est qu'un reflet du caractère extrême de ce qui constitue cette Nation dans son entièreté. C'est une société dure, violente et brutale dont le tissu social ne tient que par une application extrêmement pointilleuse de la loi. Le contraste est flagrant : on tue plus aux États-Unis que dans n'importe quel autre pays moderne et démocratique. Dans le même temps, on y trouve vingt fois plus d'avocats par tête que dans n'importe quel autre de ces mêmes pays.

Le pire, dans tout ça, c'est la délation. les gens se veulent civiques et tout le monde doit respecter les règles de vie en société... Il faut sortir ses poubelles le jour où les éboueurs passent, recycler ses ordures, sinon vos voisins, pleins de bonnes intentions, vous rappelleront à l'ordre et, si vous ne vous pliez pas à l'usage courant, ils n'hésiteront pas à appeler à la rescousse les autorités compétentes. Si vous vous conduisez mal sur le *freeway*, vous pouvez être certain qu'une bonne âme téléphonera à la police pour leur communiquer votre numéro d'immatriculation. Et cette constante délation, favorisée par les autorités, va jusqu'au *Citizen Arrest*. Le *Citizen Arrest*, c'est avoir le droit et le devoir de faire soi-même la police ; avoir le droit de dire à un quidam de passage : « Moi, citoyen Ducon, je vous arrête. » À vous ensuite de prouver la validité de votre action auprès des autorités compétentes.

Une de mes amies, un peu surmenée, conduisant sa voiture en ville, s'est retournée et a mis une claque à son fils qui chahutait sur le siège arrière. Le soir même, à son domicile, elle reçut la visite de deux policiers en civil venus l'interroger. Elle avait été dénoncée pour « violence effectuée sur mineur. » J'ai moi-même été victime d'une dénonciation d'un tout autre calibre : au moment de mon divorce, vers 1991, mon ex-belle-mère a téléphoné aux services de protection infantile et leur a affirmé que j'avais abusé sexuellement de ma cadette ! Heureusement, comme elle était un peu dingue (complètement frappée, cliniquement à la limite de l'internement), les services en question ne l'ont pas trop prise au sérieux. Ils m'ont même expliqué que ces fausses dénonciations ont lieu dans près de 80% des divorces, quand il existe un différent à propos de la garde des enfants... Ces anecdotes reflètent simplement un fait de société qui rend la vie ici très difficile pour nous, Français, car en France, il existe toujours une espèce de fronde contre l'ordre établi... Au nom, d'ailleurs, d'une République bien pensée... On est en République, merde !

Et la question que tout le monde se pose, c'est : « Mais puisque vous prenez les Américaines pour des putes et les Américains pour des sangs de poulet, pourquoi restez-vous dans ce pays de cons ? » La réponse est simple : je n'étais de nulle part (encore merci Pasqua), je suis venu ici me refaire une vie.

Et puis, il y a quand même du bon aux States. Par exemple, en vrac, comme ça : le jazz, les Mexicains, les gospels, les grands espaces de l'Ouest, une certaine stabilité économique, une grande stabilité des institutions et, finalement, moins d'antisémitisme qu'en Europe. Et en plus : il n'y a pas Pasqua ! Un autre aspect de la culture américaine me plaît particulièrement : on y triche moins ! Derrière ces aspects rugueux et mal finis de la société américaine se cache peut-être la plus grande qualité de cette nation : une approche directe et frontale des problèmes, qu'ils soient politiques ou humains. Bon c'est vrai qu'on ne fait pas dans la dentelle et que souvent les analyses y sont un peu sommaires... Aux États-Unis, la constante de temps entre cause et effet est extrêmement réduite et résulte d'une prise de conscience générale que tout individu est responsable de ses propres actions. On y cherche moins d'échappatoires plus ou moins valables ou des excuses plus ou moins vaseuses. Mais on fait gaffe à ce qu'on fait. Et, si d'aventure on aurait quelques velléités de tricher, la société américaine aurait vite fait de nous remettre dans le droit chemin !

Aux États-Unis, on appelle un chat un chat, et cette très simple constatation explique la grande transparence de cette société. Tout y est plus clair, plus exposé, et ainsi tout semble plus juste. Encore que cette affirmation appelle un correctif car l'Amérique est en train de changer rapidement. L'Amérique de la Seconde Guerre mondiale ne se reconnaîtrait plus dans l'Amérique de 2005 et les Pères fondateurs crieraient à l'escroquerie ! L'introduction de systèmes de surveillance électronique de plus en plus sophistiqués fait douter du véritable degré de liberté dont jouissent les citoyens américains. Alors que les États-Unis se proclament haut et fort comme étant LE pays de la Liberté, les événements récents tendent à prouver le contraire : les écoutes téléphoniques, les logiciels d'espionnages sur Internet, les GPS sur les téléphones portables, les hyper-fréquences dont une longueur d'onde très étroite permettrait, paraît-il, de « voir » à travers un mur et les avancées technologiques les plus récentes encore gardées secrètes me font sérieusement penser à *Big Brother* dans *1984* de George Orwell. Le *Homeland Security Department*, l'équivalent d'une DST ultra-dopée, mis en place hâtivement pour répondre à la menace du terrorisme international, rassemble en un même organisme tous les systèmes de surveillance et d'espionnage de la population. On ne sait quelles sont ses limites, on ne sait pas non plus qui, de l'exécutif ou du Congrès américain, chapeaute cet organisme. Reste que l'Amérique peut redevenir l'espace de liberté et d'avancées sociales qu'elle s'était donné comme vocation d'être : *the land of the Free*... car il existe bien des garde-fous constitutionnels et légaux. Il suffirait de les activer pour que tout rentre dans l'ordre.

À la différence des démocraties européennes molles qui n'agissent jamais, les Américains sont toujours là quand il faut ! Ils ne cherchent pas de fausses excuses, ils coupent pas un cheveu en quatre pour expliquer longuement et péniblement pourquoi ils n'ont pas fait ci ou ça. Ils font, ils avancent...

C'est Romain Roland qui a écrit : « *Celui qui agit se trompe parfois, celui qui n'agit pas se trompe tout le temps ! »*, ce que Michel Audouard a transformé en : « *Un con qui marche vaut largement dix intellectuels assis !* » Nos grands génies Européens restent frileusement assis dans un immobilisme qui ne présage rien de bon !

Sous prétexte qu'ils sont logiques et cartésiens, les Français expriment toujours leur besoin de donner des leçons à tout le monde ! Leurs jugements à l'emporte-pièce et leurs airs de tout savoir mieux que tout le monde sont pénibles pour la communauté internationale qui se gausse de leur arrogante naïveté. Il n'y a pourtant pas de quoi pavoiser : la recherche scientifique française à décroché du peloton de tête depuis plus de vingt ans, la société française est maintenant l'otage des syndicats ouvriers, la tradition centralisatrice, héritage jacobin, n'aide pas à la démocratie et, paradoxalement, cette rigidité monopolistique de l'administration a poussé les syndicats ouvriers à radicaliser leurs revendications. C'est ainsi qu'ils sont devenus l'interlocuteur favori du gouvernement, aux dépends des décideurs et des patrons d'entreprises. Ils ont pris trop d'importance par rapport à leur poids dans la société et se sont permis de casser l'expansion économique de la France. Les syndicats français ont trop de pouvoir, ils jouent à semer la merde, bref, ils sont plus patrons que les patrons eux-mêmes. Sans les inconvénients !

Une anecdote ? Allez, une dernière ! C'était en 1972, le *France*, qui fut dessiné à l'origine comme un super Transatlantique capable d'arracher le Ruban bleu, rentrait de son premier tour du monde. Cette longue et prestigieuse croisière avait été un grand succès financier pour la Compagnie générale transatlantique en général et pour ce paquebot en particulier. Durant cette première croisière autour du monde, j'étais médecin adjoint à bord de ce somptueux navire. L'année suivante, la seconde croisière autour du monde empruntait un itinéraire un peu différent. Et puis plus rien. Le *France* avait été désarmé en 1974, remisé au fond du port du Havre, le long du quai de l'Oubli. Ce monument technologique, qui faisait honneur à la construction navale française, fut vendu en 1976 à un armement norvégien qui le transforma en un navire plus économique, moins rapide et consommant deux fois moins de fioul.

Le *France* fut rebaptisé le *Norway* et fut affecté par son nouvel armateur à un nouveau port d'attache : Miami, en Floride, où il fit une brillante carrière dans la croisière purement touristique. Les Norvégiens ont été capables de faire tourner ce navire pendant vingt ans, après son achat à la Transat, alors que l'armement français n'a tenu le coup que le temps de deux croisières. La faute en revient pour beaucoup aux syndicats ! La CGT a coulé la CGT ! Triste conjonction des initiales... La Confédération générale du travail avait déclaré la guerre à la Compagnie générale transatlantique.

Chaque fois que la direction de la transat a essayé d'amener des changements dans la gestion de ce navire, le syndicat des marins CGT s'y est totalement opposé et à chaque fois, fit appel a la grève.

Une des formules proposées pour essayer de sauver ce paquebot aurait été de le baser à San Francisco, où le marché de la croisière de très grand luxe était largement plus favorable qu'en Europe. Réponse des syndicats : la grève.

Une autre solution envisagée aurait été de remplacer le personnel non marin comme les femmes de chambre par des salariés n'appartenant pas à la compagnie. Cette main d'œuvre lui aurait coûté moins cher et n'aurait pas été forcément syndiquée à la CGT qui, forcément, appela également à la grève.

Comment envisager diriger correctement son entreprise lorsqu'à chaque pas, la direction se heurte aux syndicats ? Les vrais patrons, ce sont les syndicats, en France. Ils imposent sans cesse leur dictat et s'imaginent que le droit de grève est la seule et unique arme à utiliser dans leur lutte contre le patronat ou le gouvernement. Ils abusent tellement de ce droit qu'il ne faudra pas s'étonner si un jour il est purement et simplement supprimé. Sauf que cela n'est pas possible : c'est un « acquis social ». On ne touche pas aux acquis sociaux, même si ça plombe l'économie pendant quarante ans. Un acquis social, c'est sacré. Je ne sais pas ce qu'il en est de nos jours puisque j'habite aux États-Unis, mais je me souviens que, durant les années soixante-dix, la CGT a systématiquement tenté de saboter les efforts du gouvernement et du patronat français. Dans mon pays d'adoption, les unions ouvrières ont également beaucoup de pouvoir, mais leur but est totalement différent des syndicats français qui agissent non pour le bien des salariés qu'ils sont censés représenter, mais dans le but de déterminer des choix politiques qui vont à l'encontre des intérêts mêmes de la nation.

Au moment de la guerre d'Indochine, les syndicats français, agissant sous les ordres de Moscou, ont saboté la fabrication des munitions dans les usines d'armement. Ils ont ainsi été responsables de la mort de soldats français et ont activement participés à la défaite de la France en Indochine. Plus que de l'intransigeance syndicale, ces actes de sédition auraient dû être sanctionnés par le gouvernement de l'époque. Il n'en fut rien et, par la suite, les syndicats ont gardé la haute main sur les choix économiques et politiques de la France. Résultat : une chute vertigineuse de la position et de l'importance économique de la France au sein du concert des nations, des positions politiques de plus en plus tiers-mondistes, des tensions sociales au sein du pays qui ne présagent rien de bon pour l'avenir.

La France s'est perdue dans une Europe bien trop grande pour elle. C'est la grande perdante au jeu des alliances et des guerres intestines, alors que l'Allemagne en est la grande gagnante. L'Allemagne a réussi ce coup de maître d'avoir fait payer le coût de la réunification des deux Allemagne par le reste de tous les autres pays de l'Europe Unie. Au reste, la Communauté européenne ne semble pas être, dans l'état actuel des choses, la meilleure solution pour la France et les Français. Si cette nation veut garder son identité, elle aurait intérêt à se sortir de cette Europe dite unie tout en restant dans le Marché commun... Sinon, elle ne sera bientôt plus que quelques souvenirs d'un passé de plus en plus lointain et s'évanouissant dans une indéfinissable nostalgie. Encore que les événements récents, républicains, me redonne de l'espoir quant à l'avenir de la France. Je parle ici de ce choix magistral, voté à la chambre par une immense majorité des députés et interdisant aux enfants des écoles publiques de porter des signes d'appartenance religieuse de quelque nature que ce soit dans les écoles publiques, aura dans l'avenir une portée dont l'importance n'a pas encore été suffisamment perçue. Grâce à cette loi, la France, insistant sur la séparation de l'Église et de l'État, pourrait redevenir un modèle.

*
**

Pour moi est arrivé le temps des grands choix. Comme je l'ai dit au début de ce livre, j'ai soixante-deux ans, j'habite aux États-Unis depuis vingt ans, je suis devenu Américain parce que Pasqua n'a pas voulu de moi. Je suis assez mal adapté à la société américaine et la France et sa République centralisatrice et jacobine me manquent : je suis athée, cartésien, d'un rationalisme à tout crin. Le bon sens est une denrée rare aux États-Unis. Le système D et le panache sont des choses inconnues ici... Enfin, je l'avoue, leur religion de merde et leur publicité mensongère me cassent les couilles ! Ces buveurs de bière blonde, sans culture aucune, d'une bêtise si plate et d'un conformisme affligeant me hérissent le poil ! Pour un peu, je dirais que Bush est aussi con que Pasqua !

Mais j'ai trois enfants, bien américains ! Ils ne parlent pas un mot de français, n'ont pas envie d'aller en France... au point que quand je leur en parle, ils me regardent avec des yeux ronds. Après tout, peut-être que, sans le savoir, je leur ai fait le plus beau cadeau du monde : ils sont nés Américains. En France, ils ne connaîtraient pas ce sentiment de sécurité totale, cette impression inébranlable que rien de mal ne peut leur arriver... Car c'est ça, leur vie. J'en suis même parfois jaloux, parce qu'à leur âge, ma priorité première était de survivre, de tenir le coup, de passer au travers de l'insécurité dans laquelle j'étais confiné en permanence, tentant d'éviter les baffes et pleurant ma mère. Le monde était et demeure, probablement inconsciemment, le lieu de tous les dangers...

Pour mes enfants adorés, gâtés et choyés comme jamais je n'aurais pu imaginer qu'on puisse l'être, leur sécurité n'est même pas une question, c'est une évidence naturellement admise : malgré le divorce de leurs parents, leur univers reste serein. Ils se sentent et se savent protégés quoiqu'il arrive. Leur sécurité existentielle est assurée pour toujours. Et c'est précisément ce sentiment de sécurité éternelle qui fait leur force. Depuis leur tendre enfance, comme les Américains en général, ils ont l'intime conviction que le monde est un lieu sûr. C'est cette espèce de sérénité naturelle qui les rend si forts. Il ne leur reste plus qu'à s'occuper du superflu : la mode, les gadgets, leurs métiers, les accessoires, le golf, le shopping... Nos échelles existentielles ne sont pas les mêmes, nous ne sommes pas de la même planète !

Le plus drôle, dans tout ça, c'est que mes enfants, bien que nés aux États-Unis, sont plus Français que moi. En effet, je les ai inscrits sur mon livret de famille au Consulat de France à leur naissance. Alors qu'ils n'ont pratiquement aucune attache affective avec la France et ne parlent absolument pas français, ils ont officiellement la double nationalité. Et moi, pur franchouillard, pur produit de l'école, de la culture française et des fromages qui puent, je suis Américain, grâce à UBU, super agent de l'administration française !

Ma vie n'est qu'une gigantesque farce. Le costume que je porte n'est pas le mien, c'est celui d'un autre, un mauvais déguisement. Je me suis fabriqué une armure tellement grande que je m'y perd. J'en ai marre de jouer au docteur, marre de jouer à l'Américain tranquille et peinard, à me plier dans ce moule, dans ce carcan... En me conformant au moule ultra bourgeois et conservateur que je me suis imposé pour impressionner mon père et pour lui prouver que je pouvais faire aussi bien, voire carrément mieux que lui, je suis devenu un imposteur, étranger à ma propre vie. À soixante-deux ans, je ne me ressemble pas. Peut-être est-ce parce que j'ai agi par imitation, pour plaire à mon paternel et le convaincre qu'il avait tort de me mépriser ? Peut-être est-ce parce que je me suis trahi en ne devenant pas celui que je voulais vraiment être ? Que serai-je devenu si j'avais eu le courage d'être moi-même ? Un légionnaire ? Un marin ? Un artiste ? Un poète ? Je n'ai pas eu les nerfs de m'y risquer.

Toute ma vie, j'ai étudié. Pour donner un sens à mon existence, pour garder les pieds sur terre... Et puis, les études, ça donne une contenance, une certaine dignité. Artificielle, certes, mais une dignité tout de même. Tout n'est pas perdu, si je ne suis pas un samouraï, j' ai peut-être réussi à devenir un ronin, un mercenaire perdu, se vendant au plus offrant. Ça aurait pu être pire !

Plus le temps passe et plus la vérité se fait jour en moi, le masque tombe. Je ne suis qu'un clown et j'en ai assez de faire rire la galerie... Le clown est triste, il l'a toujours été. Il s'en doutait un peu mais ne voulait pas l'admettre. Il va reprendre son baluchon et s'en aller terminer sa longue errance sur les bords du Mekong. Là, il respirera pour toujours le même air qu'a respiré sa mère. Enfin, il sera en accord avec lui-même et avec ceux qu'il aime... Il redeviendra enfin le vagabond qu'il n'aurait jamais dû cesser d'être... Ou celui qu'il avait toujours rêvé d'être.

Santa Monica
2 avril 2004